仁人志士强国梦

RENREN ZHISHI QIANGGUO MENG

——中国近现代爱国诗文名篇赏读

主编 张永健 熊德彪 杨智

武漢出版社
WUHAN PUBLISHING HOUSE

(鄂)新登字 08 号
图书在版编目(CIP)数据
仁人志士强国梦——中国近现代爱国诗文名篇赏读/张永健,熊德彪,杨智主编.
—武汉:武汉出版社,2017.4
ISBN 978—7—5582—1290—1
Ⅰ.①仁… Ⅱ.①张…②熊…③杨…
Ⅲ.①中国文学—近代文学—文学欣赏
②中国文学—现代文学—文学欣赏 Ⅳ.①I206.5
中国版本图书馆 CIP 数据核字(2017)第 054733 号

策　　划:朱向梅　邹德清
主　　编:张永健　熊德彪　杨　智
责任编辑:李杏华　王冠含　卢　平
封面设计:刘福珊
出　版:武汉出版社
社　址:武汉市江汉区新华路 490 号　　邮　编:430015
电　话:(027)85606403　85600625
http://www.whcbs.com　　E—mail:zbs@whcbs.com
印　刷:武汉中科兴业印务有限公司　　经　销:新华书店
开　本:787mm×1092mm　1/16
印　张:17　　　字　数:225 千字
版　次:2017 年 4 月第 1 版　　2017 年 4 月第 1 次印刷
定　价:40.00 元

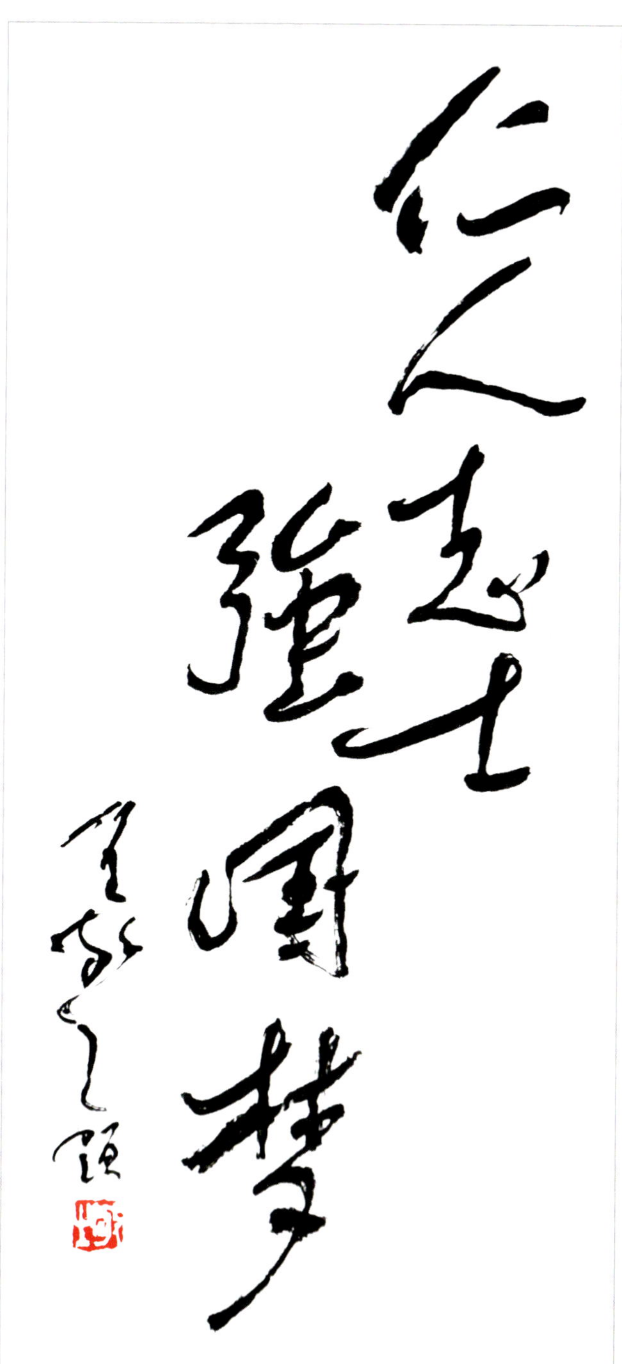

贺敬之题字

现在，我们比历史上任何时期都更接近中华民族伟大复兴的目标，比历史上任何时期都更有信心、有能力实现这个目标。回首过去，全党同志必须牢记，落后就要挨打，发展才能自强。审视现在，全党同志必须牢记，道路决定命运，找到一条正确的道路多么不容易，我们必须坚定不移走下去。展望未来，全党同志必须牢记，要把蓝图变为现实，还有很长的路要走，需要我们付出长期艰苦的努力。

每个人都有理想和追求，都有自己的梦想。现在，大家都在讨论中国梦，我以为，实现中华民族伟大复兴，就是中华民族近代以来最伟大的梦想。这个梦想，凝聚了几代中国人的夙愿，体现了中华民族和中国人民的整体利益，是每一个中华儿女的共同期盼。

——习近平

目录

编者的话

习近平同志说:“实现中华民族伟大复兴,就是中华民族近代以来最伟大的梦想。这个梦想,凝聚了几代中国人的夙愿,体现了中华民族和中国人民的整体利益,是每一个中华儿女的共同期盼。”他又说:“我们一定要始终与人民心心相印,与人民同甘共苦,与人民团结奋斗”,“人民对美好生活的向往,就是我们的奋斗目标”。

为了更好地学习并贯彻习近平同志的治国理念,实现中华民族的伟大复兴,实现中国共产党人的崇高理想,我们编选了本书。全书选取自1840年鸦片战争以来至中华人民共和国成立百年间,从林则徐到孙中山、从李大钊到邓小平近百位期盼中华民族伟大复兴的仁人志士的诗文近百首(篇)。这些诗文的作者有爱国民族英雄、维新变法图强的猛士、辛亥革命的元勋、反帝反封建的豪杰、中国共产党的早期领袖、为理想流血牺牲的先烈、探求救国救民真理的志士,全心全意为人民而战斗和讴歌的战士、诗人、作家。他们以文品、人品堪称我们民族的精英、人民学习的楷模,是我们民族近百年来“自新、自救、自主、自强”,寻梦、追梦、圆梦的“引领者”。这些诗文及其作者强有力地验证了毛泽东同志半个世纪前的科学总结:“中国人从来就是一个伟大的勇敢的勤劳的民族,只是在近代是落伍了。这种落伍,完全是被外国帝国主义和本国反动政府所压迫和剥削的结果。一百多年以来,我们的先人以不屈不挠的斗争反对内外压迫者,从来没有停止过,其中包括伟大的中国革命先行者孙中山先生所领导的辛亥革命在内。我们的先人指示我们,叫我们完成他们的遗志。”[①]

现在,以习近平同志为核心的党中央所开展的各项工作,都旨在履行实践“我们的先人”的“遗志”,亦即实现中华民族伟大复兴的理想。

强国必先强其人,强人必先强其精神。精神乃一个民族一个国家的灵魂之所在。

本书编选顺序,原则上以作者出生年月先后为序,每篇作品前有作者简介及简注与评析,以此作读者阅读之提示,是中小学生、高校学子、公务员、企业管理人员等学习先贤精神、实现中国梦的参考读本。因时间紧迫,难免有许多不足之处,敬请读者批评指正。在编选本书过程中,华中师范大学、湖北大学有关专家提供了宝贵意见,在此致以感谢!

编　者

2017 年 3 月 8 日

---

① 见本书,毛泽东:《中国人民站起来了》。

林则徐

林则徐(1785—1850),福建侯官(今福州市)人,字元抚,又字少穆,晚号竢村老人。清末著名爱国主义政治家、思想家和诗人。曾任湖广总督、陕甘总督和云贵总督。1838 年受命为钦差大臣,赴广州禁烟,1839 年 6 月于虎门销烟,成为民族英雄。林则徐一生力抗西方入侵,但对于西方的文化、科技和贸易则持开放态度,被誉为"近代中国开眼看世界的第一人"。他诗文兼工,著有《云左山房诗钞》《云左山房文钞》等,今人辑有《林则徐集》。

赴戍登程口占示家人[1]

力微任重久神疲,再竭衰庸定不支。[2]
苟利国家生死以,[3]岂因祸福避趋之!
谪居正是君恩厚,养拙刚于戍卒宜。[4]
戏与山妻谈故事,[5]试吟断送老头皮。[6]

——选自罗宗强、陈洪主编《中国古代文学作品选》

【注释】

[1]口占:随口吟诵。

[2]衰庸:身体衰弱,才能平庸。

[3]苟:假如。生死以:置生死于度外。

[4]刚:正好。

[5]故事：典故。

[6]老头皮：脑袋。

【赏析】

本诗作于道光二十二年（1842 年），原诗共两首，这里选的是第二首。林则徐因主张禁烟而遭到贬谪，远赴伊犁充军，在西安与家人分别时随口吟诵了这首诗。首联说自己力量微薄，却身担重任，早已感到疲惫不堪，如果继续下去，必定无法支撑。这既是自谦之语，又为安慰家人之言，意思是远赴新疆，对自己来说反而是一种解脱，不会再“久神疲”了。颔联化用《左传》郑国大夫子产的典故。子产因改革而受诽谤，遂立下“苟利社稷，死生以之”的志愿。诗人借此典故，体现了虽遭受重大打击，却仍以国家利益为重，将个人生死祸福置之度外的高尚情怀。颈联故作轻松之语，以安家人牵挂之心。抗英有功却遭谗受贬，万里投荒九死一生，面对不公正的命运，作者却淡然处之，化苦难为平和，认为放哨戍边可守拙养性。尾联写诗人分别之际，还特意同老伴戏说典故，巧妙化用宋人杨朴“更休落魄贪杯酒，亦莫猖狂爱咏诗。今日捉将官里去，这回断送老头皮”的诗句，请妻子试吟一首来“断送老头皮”，亦庄亦谐，幽默达观，体现了诗人独特的人格魅力。这首诗是林则徐的代表作，尤其颔联更是脍炙人口。重读此诗，作者的拳拳报国之心令人动容。这种为了追求国家富强而不计个人安危得失的精神，必将激励着全体中华儿女为实现“中国梦”而努力奋斗。（杨智）

钱票无甚关碍宜重禁吃烟以杜弊源片

（节选）

臣窃思人生日用饮食所需，在富侈者固不能定其准数；若以食贫之人，当中熟之岁，大约一人有银四五分即可过一日，若一日有银一钱，则诸凡宽裕矣。吸鸦片者，每日除衣食外，至少亦须另费银一钱，是每人每年即另费银三十六两。以户部历年所奏各直省民数计之，总不止于四万万人，若一百分之中仅有一分之人吸食鸦片，则一年之漏卮即不止于万万两，此可核数而见者。况目下吸食之人，又何止百分中之一分乎！鸿胪寺卿黄爵滋原奏所云"岁漏银数千万两"，尚系举其极少之数而言耳。内地膏脂，[1]年年如此剥丧，岂堪设想？而吸食者，方且呼朋引类，以诱人上瘾为能，陷溺愈深，愈无忌惮。儆玩心而回颓俗，[2]是不得不严其法于吸食之人也。

或谓重办开馆兴贩之徒，鸦片自绝，不妨于吸食者稍从末减。似亦持平之论。而臣前议条款，请将开馆兴贩，一体加重，仍不敢宽吸食之条者，盖以衙门中吸食最多，如幕友、[3]官亲、[4]长随、[5]书办、差役，嗜鸦片者十之八九，皆力能包庇贩卖之人，若不从此严起，彼正欲卖烟者为之源源接济，安肯破获以断来路？是以开馆应拟绞罪，律例早有明条，而历年未闻绞过一人，办过一案，几使例同虚设，其为包庇可知。即此时众议之难齐，亦恐未必不由乎此也。吸食者果论死，则开馆与兴贩即加至斩决枭示，亦不为过。若徒重于彼而轻于此，仍无益耳。譬之人家子弟，在外游荡，靡恶不为，徒治引诱之人而不锢其子弟，彼有恃无恐，何在不敢复犯？故欲令行禁止，必重治吸食为先。且吸食罪名，如未奉旨饬议，虽现在止科徒杖，尚恐将来忽罹重刑，若既议而终不行，或略有加增无关生死，彼吸食者皆知从此永无重法，孰有戒心？恐嗣后吃食愈多，则卖贩之利愈厚，即冒死犯法，亦必有人为之。是专严开馆兴贩之议，意在持平，而药不中病，依然未效之旧方已耳。谚云："刖足之市无业屦，僧寮之旁不鬻栉"。[6]果无吸食，更何开馆兴贩之有哉？

或谓罪名重则讹诈多。此论亦似。殊不思轻罪亦可讹诈，惟无罪乃无可讹诈。与其用常法而有名无实，讹诈正无了期，何如执重法而雷厉风行，吸食可以立断，吸食既断，讹诈者又安所施乎？若恐断不易断，则目前之缴具已是明徵；若恐诛不胜诛，岂一年之限期犹难尽改？特视奉行者之果肯认真否耳。诚使中外一心，誓除此害，不惑于姑息，不视为具文，将见人人涤虑洗心，怀刑畏罪，先时虽有论死之法，届期并无处死之人，即使届期竟不能无处死之人，而此后所保全之人，且不可胜计，以视养痈贻害，[7]又孰得而孰失焉？夫《舜典》有怙终贼刑之令，[8]《周书》有群饮拘杀之条，[9]古圣王正惟不乐于用法，乃不能不严于立法。法之轻重，以弊之轻重为衡。故曰刑罚世轻世重，盖因时制宜，非得已也。当鸦片未盛行之时，吸食者不过害及其身，故杖徒已足蔽辜；[10]迨流毒于天下，则为害甚巨，法当从严。若犹泄泄视之，[11]是使数十年后，中原几无可以御敌之兵，且无可以充饷之银，兴思及此，能无股栗？[12]

——选自林则徐著《林则徐集·奏稿》

【注释】

[1]膏脂：财富。

[2]儆：使人警醒不犯错。

[3]幕友：明清地方官署中协助办理文案、刑名、钱谷等事务的人员。

[4]官亲：官吏的亲戚。

[5]长随：指官府雇用的仆役。

[6]"刖足"两句：刖足：断脚。屦：用麻、葛等制成的鞋。僧寮：僧

舍。鬻:卖。栉:梳子和篦子的总称。全句的意思是:断脚人聚居的地方没有做鞋的行业,僧舍旁边不做梳篦的生意。

[7]养痈贻害:留着毒疮不去医治,就会成为后患。比喻对坏人坏事纵容姑息,结果使自己遭殃。

[8]怙终:有所恃而终不改悔。贼刑:刑杀。

[9]群饮:群聚饮酒。

[10]蔽辜:抵罪。

[11]泄泄:弛缓,懈怠。

[12]股栗:两腿发抖,形容极为恐惧的样子。

【赏析】

本文作于道光十八年(1838年),是林则徐同《楚省查拿烟贩收缴烟具情形折》一起秘陈道光帝的附片。在当时关于鸦片烟严禁与驰禁的论争中,林则徐是坚定的禁烟派。在本文中林则徐首先分析了鸦片的巨大危害:一方面使朝廷白银大量外流,导致财政枯竭,国库空虚;另一方面严重败坏社会风尚,摧残人民身心健康,即文中所说"吸食者方且呼朋引类,以诱人上瘾为能,陷溺愈深,愈无忌惮"。其次,作者针对"重办开馆兴贩之徒,鸦片自绝"的观点进行驳论,他尖锐地指出:禁烟法令不行,主要原因在于"衙门中吸食最多"——连执法者都染上了毒瘾,怎么可能指望他们去查烟禁毒?因此,仅仅靠惩治那些开办烟馆、贩卖鸦片的人是不能解决根本问题的。最后,作者再次向皇帝呼吁禁烟的重要性和紧迫性,必须"执重法而雷厉风行"。如果现在仍然不采取强有力的措施,那么"数十年后,中原几无可以御敌之兵,且无可以充饷之银"。正是这番话,使道光帝充分认识到鸦片流毒天下带来的灾难性后果,最终痛下禁烟决心,任命林则徐为钦差大臣,赴广东查禁鸦片,揭开了虎门销烟的序幕。本文笔锋犀利,立论有据,驳论有力,具有很强的逻辑性和说服力,同时在字里行间饱含了作者对国家、对百姓的殷殷关注之情,今天重读仍令人敬佩。(杨智)

附奏东西各洋越窜夷船严行惩办片

（节选）

再臣等察访夷情，因知外国商船来粤贸易者，必先在该国请领牌照。经过夷埠，俱须验明，并于开船之时，颁给禁约条款谆谕不许在中华滋生事端，酌限往返程期。如未领牌照，擅自行船，查出即治其罪，船亦充公。是外夷禁令森然，并非纵其所如，漫不加察。而商船载来货物，动值数十万金。彼既爱惜重赀，[1]自必懔遵法度。[2]故货船到粤必皆报关候验，纳税投行。虽近年以来，每有夷商夹带鸦片情弊，要亦先向趸船寄顿，[3]始敢驶进黄埔，断无驾驶重船东奔西窜之理。惟因获利太厚，贩运愈多。各国虽闲有之，而以港脚一处为尤甚。港脚地名曰孟雅喇，曰孟买，曰曼哒喇萨，皆为英吉利所属之港口，即华言所谓马头也。距英吉利本国尚有两月路程。而其来至内地，则比英夷为近。奸夷利欲薰心，罔顾厉禁。[4]往往由外洋乘风窜驶，越过广东中路，直趋东路之南澳以达闽浙各洋，来去频仍，便成熟游之地。在天朝弥纶广大，[5]无不遍示怀柔。即其所不应至之处，违禁频来，亦惟自谨修防，其究至于驱逐而止。

奸夷习知其故，相率效尤，沿海文武员弁，[6]不谙夷情，震于英吉利之名，而实不知其来历。遇有夷船驶至，不过循例催行。如其任催罔应，亦即莫敢谁何。[7]甚有桀骜夷船，胆敢以枪炮相恐吓，而官船因未奉有明文，转不便擅用火器。如道光十四年，闽浙总督臣程祖洛所奏情节，曾奉谕旨饬令督抚等，务当随时体察情形，以靖洋面，等因钦此钦遵在案。以臣等近日访闻，乃知此等奸夷，并未领照经商，而敢偷渡越窜。若被该国查出，在夷法亦必处以重刑。况天朝禁令森严，岂有转以内地各洋为其逋逃薮之理？[8]且如内地奸民，出海潜赴夷洋滋事，揆诸国法，[9]正宜按例治罪。倘在外已被夷人戕害，适足蔽辜，[10]岂尚听其鸣冤，许为报复乎？以此对观互证，度势揆情，[11]愈知越窜之夷船，不必空言驱逐，惟有严行惩办，乃可震慑其心。

总之，有牌照而行中路者，则为经商之船，无牌照而窜东西各路者，即为偷渡之船。经商之船，尚须区分良莠。[12]偷渡之船，明系有莠无良，枪击炮轰，皆其自取，似不为过。且此等越窜船只，小者为三板夷划，大者亦不过双桅夹板，迥非货船趸船，高大坚厚之比。即船内炮械，亦极有限。甚至安假炮于船旁，画炮眼于舱板，只以虚张声势，粉饰观瞻。[13]师船果能奋勇剿除，何患不能相敌。即云夷人乃亡命之徒，官兵不值与之对仗，亦尚有便利之法，可操胜算。只须雇募沿海之善泅者，多驾拖船，满载车薪，备带火器，分为数队，占住上风，漏夜乘流纵放。即或前队未能得手，后队络绎复来。夷船中触处皆引火之物，未有不可以焦烂者。此令一行，不待实有其事，而奸夷先已胆落。似亦慑服之一法也。

——选自郑振铎编《晚清文选》

【注释】

[1]赀：同“资”，财物，钱财。

[2]懔：畏惧。

[3]趸船：无动力装置的矩形平底船，通常固定在岸边，用于装卸货物或供行人上下。

[4]罔顾厉禁：不顾及严厉的禁令。

[5]弥纶：统摄。

[6]文武员弁：低级文武官员。

[7]莫敢谁何：没有谁敢怎么样。

[8]逋逃薮：藏纳逃亡者的地方。

[9]揆诸：审查，度量。

[10]蔽辜：抵罪。

[11]度势揆情：衡量情理，揣度形势。

[12]良莠：指好人和坏人。

[13]观瞻：外观。

【赏析】

本文是林则徐写给道光皇帝的奏稿，作于道光十九年（1839年）。此时作者正在虎门主持禁烟。难能可贵的是：作为肩负禁烟重任的钦差大臣，林则徐在如何对待处理鸦片走私和保护西方正常贸易之间的关系上非常清醒：他严禁鸦片输入，但不同意封港闭市，并未重蹈"由被动而抵制，由抵制而闭关"的覆辙。对于西洋来华贸易船只，他提出要"区分良莠"，即分清"经商之船"和"偷渡之船"。一方面，对于暗自夹带走私鸦片的"奸夷"偷渡船队必须主张严厉打击。这些走私鸦片的洋商"利欲熏心，罔顾厉禁"，不仅扰乱了正常的贸易秩序，而且严重毒害了中国人民，对待他们，林则徐毫不手软；另一方面，对于正常来华贸易、符合程序规则的西方商船，林则徐是主张保护的——这是一种十分开明且实际的态度。面对千古未遇之变局，林则徐是"最先从封建的闭关自守的昏睡状态中觉醒，以全新的态度睁眼看世界"的人，他一生虽力抗西方入侵，但对于西方的文化、科技和贸易却能够学其优长而用之，因此成为近代中国传播西方文化，促进西学东渐的带头人。从本文中，我们能够感受到林则徐对待外来文化的审慎和客观态度，这对于今天进行改革开放和现代化建设、实现中华民族伟大复兴的"中国梦"是有着很强的借鉴意义的。（杨智）

龚自珍

龚自珍(1792—1841),字璱人,号定庵,晚年又号羽琌山民,仁和(今浙江杭州)人。清代思想家、诗人、文学家和改良主义的先驱。他出身于官宦家庭,自幼好读诗文。1829年中进士,曾任内阁中书、宗人府主事和礼部主客司主事等官职。龚自珍主张革除弊政,抵制外国侵略,曾全力支持林则徐禁除鸦片。1839年辞官南归,两年后暴卒于江苏丹阳云阳书院。他的诗文揭露黑暗现实,洋溢着爱国热情。诗常涉政论,富有社会历史内容;散文形式自由,书写真情,表达真知,开一代新风。著有《定庵文集》。

送钦差大臣侯官林公序[1]

钦差大臣、兵部尚书、都察院右都御史林公既陛辞,[2]礼部主事仁和龚自珍则献三种决定义,[3]三种旁义,[4]三种答难义,[5]一种归墟义。[6]

中国自禹、箕子以来,食、货并重。[7]自明初开矿,四百余载,未尝增银一厘,今银尽明初银也。地中实,地上虚,假使不漏于海,[8]人事火患,岁岁约耗银三四千两,况漏于海如此乎? 此决定义,更无疑义。汉世五行家,以食妖、服妖占天下之变。[9]鸦片烟则食妖也,其人病魂魄,逆昼夜。其食者,宜缳首诛![10]贩者、造者,宜刎脰诛![11]兵丁食,宜刎脰诛! 此决定义,更无疑义。诛之不可胜诛,不可绝其源;绝其源，则夷人不逞，奸民不逞。有二不逞，无武力何以胜也？公驻澳门，距广州城远，夷勒也。[12]公以文臣孤入夷勒，其可乎？此行宜以重兵自随，此正皇上颁关防使节制水师意也。[13]此决定义，更无疑义。

食妖宜绝矣，宜并杜绝呢、羽毛之至，[14]杜之则蚕桑之利重，[15]木棉之利重。蚕桑、木棉之利重，则中国实。又凡钟表、玻璃、燕窝之属，悦上都之少年，[16]而夺其所重者，皆至不急之物也，宜皆杜之。此一旁义。宜勒限使夷人徙澳门，不许留一夷。留夷馆一所，为互市之栖止。[17]此又一旁义。火器宜讲求，京师火器营，乾隆中攻金川用之，[18]不知施于海便否？广州有巧工能造火器否？胡宗宪《图编》，[19]有可约略仿用者否？宜下群吏议。如带广州兵赴澳门，多带巧匠，以便修整军器。此又一旁义。

于是有儒生送难者曰：中国食急于货，袭汉臣刘陶旧议论以相牴。[20]固也，似也，抑我岂护惜货，而置食于不理也哉？此议施之于开矿之朝，谓之切病；[21]施之于禁银出海之朝，谓之不切病。食固第一，货即第二，禹、箕子言如此矣。此一答难。于是有关吏送难者曰："不用呢、羽、钟表、燕窝、玻璃，税将绌。[22]"夫中国与夷人互市，大利在利其米，此外皆末也。宜正告之曰：行将关税定额，陆续请减，未必不蒙恩允。国家断断不恃榷关所入，[23]矧所损细所益大。[24]此又一答难。乃有迂诞书生送难者，则不过曰为宽大而已，曰必毋用兵而已。告之曰：刑乱邦用重典，[25]周公之训也。至于用兵，不比陆路之用兵，此驱之，非剿之也。此守海口，防我境，不许其入，非与彼战于海，战于艅艎也。[26]伏波将军则近水，非楼船将军，非横海将军也。[27]况陆路可追，此无可追，取不逞夷人及奸民，[28]就地正典刑，非有大兵阵之原野之事，岂古人于陆路开边衅之比也哉？[29]此又一答难。

以上三难，送难者，皆天下黠猾游说，而貌为老成迂拙者也。[30]粤省僚吏中有之，幕客中有之，游客中有之，商估中有之，恐绅士中未必无之，宜杀一儆百。公此行此心，为若辈所动，[31]游移万一，此千载之一时，事机一跌，[32]不敢言之矣！不敢言之矣！

古奉使之诗曰：[33]“忧心悄悄，仆夫况瘁。[34]”悄悄者何也？虑尝试也，虑窥伺也，虑泄言也。仆夫左右亲近之人，皆大敌也。仆夫且忧形于色，而有况瘁之容，无飞扬之意，则善于奉使之至也。阁下其绎此诗！[35]

何为一归墟义也？曰：我与公约，期公以两期期年，[36]使中国十八行省银价平，物力实，人心定，而后归报我皇上。《书》曰：“若射之有志。[37]”我之言，公之鹄矣。[38]

——选自北京大学中文系、哲学系编注《历代法家著作译注》

【注释】

[1]侯官林公：侯官，林则徐是福建侯官人。林公，对林则徐的尊称。

[2]陛辞：大臣辞别皇帝。

[3]决定义：原则性的意见。

[4]旁义：附带的意见。

[5]答难义：驳斥反对的意见。

[6]归墟：最后的目的。

[7]食：农业。货：工商业。

[8]漏于海：白银流到海外。

[9]妖：怪异的现象。

[10]缳首：绞刑，用绳勒死。

[11]刎脰：刎颈。

[12]夷勒：夷：外国人。勒：竿，用荆条、竹子等编成的篱笆或其他遮拦物。夷竿：外国人的住所。

[13]节制：统帅。

[14]呢、羽毛：呢，尼，毛织品。羽毛，用羽毛织成的织品。

[15]利重：利润增多。

[16]上都：京城。

[17]栖止：指寄居停留的地方。

[18]金川：金川因境内河流大金川（大渡河上游）得名。

[19]图编：胡宗宪著有《筹海图编》。

[20]牴：抵，反抗。指刘陶主张“先食后货”，儒生们以此为据来对抗作者的意见。

[21]切病：切合弊病。

[22]绌：不够、不足。

[23]榷：专卖。榷关，正名为钞关，民间俗语称之为榷关。晚清改称常关，是明清时期我国政府设置的对过往关卡的船只、商品征税的一个专门机构，主要设在运河、长江、沿海等的交通枢纽处。

[24]矧：况且。

[25]刑：惩罚。

[26]艅艎：是泛指大船、大型战舰。

[27]伏波将军，楼船将军，横海将军：都是指汉代的将军。这里指只需近海出兵，不需远海作战。

[28]不逞：不服从命令。

[29]衅：争端。

[30]迂拙：迂阔笨拙。

[31]动：动摇。

[32]事机一跌：时机一失去。

[33]奉使：奉王命出使。

[34]况瘁：憔悴。

[35]绎：思考。

[36]两期期年：两年。

[37]志：目标。

[38]鹄：箭靶的中心。

【赏析】

本文写于1838年12月，是龚自珍为林则徐去广州禁烟写的一篇送别序文。当此之时，外国通过卖鸦片给中国，敲开中国的国门，大量攫取中国的白银，衰弱中国人的身体，削弱中国的国力，中国处于生死存亡之际。林则徐受皇帝委派去广州禁烟，龚自珍写下此文表示对他的支持。本文在结构上先总后分，开篇明义，然后分别具体阐述。首先，作者提出了三个原则性的意见：禁止白银流出海外，禁止买卖鸦片，以武力禁烟。然后说明了三个附带的意见：禁止进口奢侈品，只在澳门设立外国人通商贸易的住所，重视制造火器、枪炮。这三个原则性的意见和三个附带性的意见可谓切中时弊，指出了鸦片对中华民族的严重危害。不仅如此，作者还认为必须以武装力量禁烟、保卫边疆。如不这样，禁烟就难以成功。接着作者又指出了三种驳斥反对派的意见：农业和工商业并重，禁止进口奢侈品利大于弊，以武力保卫边境而不是在海上作战。他有力地驳斥了反对派的谬论，揭露了投降派卖国的嘴脸。最后作者说明了关于最后目的的意见：两年内使全国物价稳定、人心安定。这个目的表现了龚自珍对林则徐禁烟成功的殷切希望和拳拳爱国之心。文章围绕禁止鸦片，对禁烟的目的、实施措施、防范措施等进行了详细阐述，有力地驳斥了反对派，对林则徐是莫大的支持。他主张对外国侵略者进行坚决斗争，维护国家主权和利益，表现出了赤诚的爱国主义情怀。当然，他的禁烟是从维护封建统治出发的，他把禁烟的希望也寄托在封建君臣身上，这些都反映了他的局限性。（欧阳叔雯）

魏　源

魏源(1794—1857),名远达,后改名源,字默深,又字墨生、汉士,湖南邵阳人。清代启蒙思想家、政治家、文学家。1844 年中进士,曾任兴化知县、高邮知州。晚年辞官,潜心佛学,法名承贯。1857 年 3 月 26 日卒于杭州东园僧舍。魏源倡导学习西方先进科学技术,并提出了“师夷长技以制夷”的主张。他的许多诗歌集中揭露批判了政事弊端和阻碍改革的保守思想;大量的山水诗,则表现了他对祖国的热爱。鸦片战争后,在林则徐《四洲志》基础上编辑《海国图志》。著有《古微堂诗集》《清夜斋诗稿》等。

海国图志序[1]

《海国图志》六十卷,何所据?一据前两广总督林尚书所译西夷之《四洲志》,再据历代史志及明以来岛志,及近日夷图、夷语。钩稽贯串,[2]创榛辟莽,[3]前驱先路。大都东南洋、西南洋增于原书者十之八,大、小西洋、[4]北洋、外大西洋增于原书者十之六。[5]又图以经之,表以纬之,博参群议以发挥之。何以异于昔人海图之书?曰:彼皆以中土人谭西洋,此则以西洋人谭西洋也。是书何以作?曰:为以夷攻夷而作,为以夷款夷而作,[6]为师夷长技以制夷而作。

《易》曰:“爱恶相攻而吉凶生,远近相取而悔吝生,情伪相感而利害生。”故同一御敌,而知其形与不知其形,利害相百焉;[7]同一款敌,而知其情与不知其情，利害相百焉。古之驭外夷者，诹以敌形，[8]形同几席；诹以敌情，情同寝馈。[9]

然则执此书即可驭外夷乎？曰：唯唯，否否！此兵机也，非兵本也；有形之兵也，非无形之兵也。明臣有言："欲平海上之倭患，先平人心之积患。"人心之积患如之何？非水，非火，非刃，非金，非沿海之奸民，非吸烟贩烟之莠民。故君子读《云汉》、《车攻》，先于《常武》、《江汉》，而知《二雅》诗人之所发愤；玩卦爻内外消息，而知大《易》作者之所忧患。愤与忧，天道所以倾否而之泰也，人心所以违寐而之觉也，人才所以革虚而之实也。

昔准噶尔跳踉于康熙、雍正之两朝，[10]而电扫于乾隆之中叶。夷烟流毒，罪万准夷，吾皇仁勒，上符列祖，天时人事，倚伏相乘，何患攘剔之无期？[11]何患奋武之无会？此凡有血气者所宜愤悱，[12]凡有耳目心知者所宜讲画也。去伪，去饰，去畏难，去养痈，去营窟，则人心之寐患祛其一。以实事程实功，以实功程实事，艾三年而蓄之，网临渊而结之，毋冯河，毋画饼，则人才之虚患祛其二。寐患去而天日昌，虚患去而风雷行。《传》曰："孰荒于门，孰治于田？四海既均，越裳是臣。[13]"叙《海国图志》。

——选自魏源著《魏源集》

【注释】

[1]海国图志：《海国图志》是魏源受林则徐嘱托而编著的一部世界地理历史知识的综合性图书。

[2]钩稽：查考审核。

[3]创榛辟莽：形容做前人没有做过的事。

[4]大、小西洋：指欧洲、非洲。

[5]外大西洋：指北美、拉美。

[6]款：和谈、和议。

[7]相百：相差百倍。

[8]诹：在一起商量事情，询问。

[9]寝馈：寝食；吃住。

[10]跳踉：跳梁，引申为叛乱。

[11]攘剔：剪除，铲除。

[12]愤悱：愤慨，怨恨。

[13]越裳：亦作“越尝”，古南海国名。这里泛指外国。

【赏析】

鸦片战争后，魏源深感要想打败敌人，先要了解敌人，所谓“知己知彼，百战不殆”。于是，他决心积极探求外国情况，向国人介绍夷情。林则徐是魏源的老友，二人志同道合。他把《四洲志》手稿交给魏源，希望对老友有所帮助。魏源不负所望，第二年（1842 年）完成《海国图志》50 卷。1853 年更增订为 100 卷。本文为《海国图志》的序言。文章指出《海国图志》与前人介绍世界地理的书最大的不同，就是那些书是以中国人的观念谈西洋，而这部书是以西洋人的观念谈西洋的。作者还介绍了写《海国图志》的目的：“为以夷攻夷而作，为以夷款夷而作，为师夷长技以制夷而作。”即为用洋人的方式与洋人斗争而作，为用洋人的方式与洋人交往而作，为学习洋人的先进技术、制服洋人而作。“生于忧患，死于安乐”，“愤与忧，天道所以倾否而之泰也，人心所以违寐而之觉也，人才所以革虚而之实也。”也就是说，人们有了愤与忧，天道就摆脱否运而走向安泰，人心也就可以脱离昏睡而走向觉醒，人才就可以抛弃空谈而走向务实了。鸦片战争后，抵御外辱，防止亡国灭种是当务之急。然而抵御外辱必先革除内弊，即“欲平海上之倭患，先平人心之积患”。只有实事求是，脚踏实地，讲求实效，才能去除人心的蒙昧之病，去除人才虚而不实的弊病，这样国家就有希望了。（欧阳叔雯）

王　韬

王韬(1828—1897),生于苏州府长洲县(今江苏省苏州市),初名王利宾,字兰瀛。中国近代著名思想家,中国历史上第一位报刊政论家。1874 年在香港创办第一份由华人创办的中文报纸——《循环日报》,评论时政,提倡维新变法,影响很大。1879 年,应日本文人邀请考察日本,写成《扶桑游记》。1885 年任上海格致书院院长,直至去世。翻译出版有《华英通商事略》《重学浅说》《光学图说》《西国天学源流》等书,为西学东渐做出了重要贡献。

变法自强[1]

上

呜呼,余今者观于中外交涉之故,而不禁重有感焉。泰西诸国通商于中土,亦既三十余年矣。而内外诸当事者多未能洞明其故,若烛照数计而龟卜。其于利害之所系,昏然如隔十重帘幕。其有规恢情势,斟酌时宜,能据理法以折之者,虽未尝无人,而不知彼之所谓万国公法者,必先兵强国富,势盛力敌,而后可入乎此;否则束缚驰骤,亦惟其所欲为而已。

故知乎此,则惟先尽其在我者,而后徐及其它。如讲求武备,整顿海防,慎固守御,改易营制,习练兵士,精制器械,此六者实为当务之急。而文武科两途,皆当变通,悉更旧制。否则人才不生。其次在裕财用，如开矿铸银，尚机器，行纺织，通商于远许，贸易于国中者，皆得以轮舶。而火轮铁路电气通标，亦无不自我而为之。凡泰西诸国之所眈眈注视跃跃欲试者，一旦我尽举而次第行之，俾彼无所觊觎艳羡其间，此即强中以驭外之法也。

上之所好，下必甚焉，雷厉风行，安见其有不可者。设或不然，动遵故例，拘守成法，因循苟且，不知变迁，则我中国当自承其弊。何则？泰西诸国之群集而环伺我者，有迫之以不得不然之势也。且此之所变者，特其迹焉而已，治国之道固无容异于往昔也。如是，谓之战胜于朝廷。况乎当今之时，处今之势，固非闭关自大时也。

泰西诸国之入居中土，有公使，有领事，有水师，有陆兵，战舰艨艟不绝于道。而我国之至西者，落落如晨星。其有折冲乎樽俎、辉煌于敦槃盘者，未闻有人也。其达彼此情意，通中外之消息者，则有日报。时或辨论其是非，折衷其曲直；有时彼国朝廷，采取舆论，探悉群情，亦即出自日报中。窃以为此间可从而仿效者也。中外交涉之事，时时可刊之日报中，俾泰西之人秉公持论其间，是岂无所裨益者欤？

与欧洲近日情形，其强弱大小，亦已了然如指上螺纹。普、俄、英、法，此四国者，皆于中土关系至重者也。三十年前，所患者在英法，而在今日所患者尤在普、俄。俄之于北方，如黑龙江，如新疆，固已形见者也。普则犹未着其端倪，迩者以晏拿帆船遇害被劫一事，普国立意索偿。识者以为交邻之道，玉帛干戈二者实相倚伏。盖和则以玉帛相将，战则以兵戎相见，理无两立，事不并行。

然则，图治其间者将奈何？则将应之曰：开诚布公，相见以天，必谨必速，毋诈毋虞，又何患之有？至于英、法东来，皆于东南洋设立埔头以为外府，而普、俄则无之。今俄方注意于北方，筹度经营，未遑兼顾。普则欲图之久矣，特无间可乘耳。诸国通商之局，英为最巨，设一旦兵事或起，岂独无所碍欤？不知英固早计及乎此也。普俄之骎骎驰骋于中土，岂英、法之所喜。特恐一旦事势所会，即英、法亦有不得不退听者。浸假普、法释嫌，英、俄结好，此固欧洲之福，而天下之深忧。

总之，欧洲升平之局，识者以为恐未能持久，而亚洲变故之生，亦岂人事之所能逆忆。惟先尽其在我，以听之于天而已。尽其在我，则莫先乎变法自强。

今日当变者有四：一曰取士，二曰练兵，三曰学校，四曰律例。

下

居今日而论中州大势，固四千年来未有之创局也。我中朝素严海禁，闭关自守，不勤远略，海外诸国，至中华而贡献者，来斯受之而已，未尝远至其地也。以故天下有事，其危常系西北而不重东南。自与泰西诸国通商立约以来，尽舟航之利，历环瀛之远，视万里有如咫尺，经沧波有同衽席，国无远近，皆得与我为邻。如英，如俄，如普，如法，皆欧洲最强莫大之国也。今以中国地图按之，则俄处西北，最为逼近。西南有英属之印度，毗接云南。而法兵业驻越南，则南界又复连属。诸国并以大海为门户，轮舟所指，百日可遍于地球。于是纵横出入，骎骎乎几有与中国鼎立之势，而有似乎春秋时之列国。惟是中国方当发、捻、回、苗之扰，前后用兵几二十余年，甫经平定。然则以艰难拮据之际，而与方盛之诸强国相邻，设非熟思审处，奋发有为，亟致富强以图自立，将何以善其后乎？

夫风会既有不同，即时事贵知所变。日本海东之一小国耳，一旦勃然有志振兴，顿革平昔因循之弊。其国中一切制度，概法乎泰西。仿效取则惟恐其入之不深。数年之间，竟能自造船舶，自制枪炮。练兵训士，开矿、铸钱，并其冠裳文字，屋宇之制，无不改而从之。民间如有不愿从者亦听焉。彼以为此非独厚于泰西也，师其所长而掩其所短，亦欲求立乎泰西诸大国之间，而与之较长絜短而无所馁也。否则行舟于海，彼则用轮而我则用帆，迟速不同矣；行兵于行阵，彼则用枪炮，而我则用刀矛，命中制胜又不同矣；彼以训练节制之师，我以跳荡拍张、漫无纪律之士当之，乌有不败者哉，此强弱之不同也；彼则出地宝，扩财源，而我任听自然，不知搜取，徒知征之于民而已，此贫富之不同也。故日本乃亟思变计也。

然则，我中国曷不反其道而行之哉？我中国地大物博，幅员之广，财赋之裕，才智之众，簿海内外皆莫与京。溯乎立国规模，根深蒂固，但时异势殊，今昔不同。则因地制宜，固不可不思变通之道焉。其道奈何？曰：毋因循也，毋苟且也，毋玩愒也，毋轻忽也，毋粉饰也，毋夸张也，毋蒙蔽也，毋安于无事也，毋溺于晏安也，毋狃于积习也，毋徒袭其皮毛也，毋有初而鲜终也，毋始勤而终怠也。必有人焉，深明制治之道，周知通变之宜而后可。否则，机器固有局矣，方言固有馆矣，遣发子弟，固往美洲攻西学矣，行阵用兵固熟练洋枪矣，而何以委靡不振者仍如故也。洞明时变大有干谋者，仍未能见其人也！徒令论者以为西法不足效而已。或以为糜费也，或以为多事也，或以为无益于上而徒损于下也。呜呼！是非西法之不善，效之者未至也，所谓变之之道未得焉。彼言者，直坐井窥天，以蠡测海耳，西法必不受过也。且夫西法者，治之具，而非即以为治者也。使徒恃西人之舟坚炮利，器巧算精，而不师其上下一心，严尚简便之处，则犹未可与权。盖我所谓师法者，固更有进焉者矣，彼迂腐之儒何又足以知之哉！

说者又谓中朝制度迥越寻常，前代谟猷，姑勿具论，即如我国家康、雍、乾三朝，圣德兵威，詟愓殊俗，式廓版图，讫乎化外，而一时简贤任能，张弛互用，三代以下不逮焉，复何论乎汉、唐。今诚一意讲求，励精图治，先有以明天下兵民之志。而后规复河运，酌禁鸦片，则闭关谢客，亦何不可自固我圉，而奚必鰓鰓焉学习西法也哉？子之所云，适足以贻笑于豪杰之士而自点耳。不知时之所尚，势之所趋，终贵因事制宜，以权达变。天时人事，皆由西北以至东南。故水必以轮舟，陆必以火车，捷必以电线，然后全地球可合为一家。中国一变之道，盖有不得不然者焉。不信吾言，请验诸百年之后。

——选自王韬著《弢园文新编》

【注释】

[1]按，王韬所撰《变法自强》分上、中、下三篇，此处节选上、下两篇。

【赏析】

王韬在中国近代史上是一个十分重要的人物，他有着特殊的人生经历，这使得他有幸成为近代中国最早的学贯中西的学者和政论家，同时，他也是那个时代中国改良派的代表人物之一。1875年王韬发表了著名的《变法自强》上、中、下三篇政论，在中国历史上首次提出了“变法”的口号。在上篇中，王韬鉴于世界局势的变幻莫测，提出“惟先尽其在我，以听之于天而已。尽其在我，则莫先乎变法自强”。并且急切地指出：“今日当变者有四：一曰取士，二曰练兵，三曰学校，四曰律例。”紧接着，他在中篇非常详细地论证了这“四当变”，并且指出这些做法都是为了“扩清积弊”。当然，他也认识到，中国虽然处于列强的冲击之下，但也未尝没有发展的机遇。因此他指出，中国只要能抓住机会，励精图治，就一定能够变弱小为强大，让世界列强刮目相看。所以在下篇中，他特别以日本变法走上富强之路为例，对中国需要适时变法自强反复加以强调，并且指出变法非“徒恃西人之舟坚炮利，器巧算精”，而更应“师其上下一心”。从王韬的一生来看，他主要活动在两次鸦片战争和甲午中日战争期间，当时社会的巨变深深触动了他，所以他对于当时中国应当变法自强的心理倍感迫切。从历史渊源来看，王韬变法自强的思想主要继承了龚自珍、林则徐和魏源等前贤，当然也影响了康有为、梁启超、严复、谭嗣同、黄遵宪、孙中山等后来者，所以王韬在中国变法自强和启蒙思想史上具有十分重要的过渡意义。（陈冬杰）

郑观应

郑观应(1842—1922),本名官应,字正翔,号陶斋,别号杞忧生,祖籍广东香山县(今中山市),是中国近代最早具有完整维新思想体系的理论家,启蒙思想家,也是著名的实业家、教育家、文学家。著有《救时揭要》《易言》《盛世危言》等书。

学校上[1]

学校者,造就人才之地,治天下之大本也。古者家有塾,党有庠,州有序,国有学,比年人学,中年考校。一年视离经辨志,三年视敬业乐群,五年视博习亲师,七年视论学取友,谓之小成。九年知类通达,强立而不反,谓之大成。而又教以弦诵,舒其性情。故其时博学者多,成材者众也。比及后世,学校之制废,人各延师以课其子弟。穷民之无力者荒嬉颓废,目不识丁,竟罔知天地古今为何物,而蔑伦悖理之事,因之层出不穷。此皆学校不讲之故也。[2]

今泰西各国犹有古风,[3]其学校规制大略相同,而德国尤为明备。学之大、小各有次第。乡塾散置民间,由[4]贫家子弟而设,由地方官集资经理。无论贵贱男女,自五岁后皆须入学,不入学者罪其父母。[5]初训以幼学,间附数学入门、本国地理等书。生徒百数以内者一师训之,百数以外至千数则分数班。每班必有一师。此班学满乃迁彼班,依次递升,不容躐等。[6]察其贫者免出脩脯,[7]稍赡者半之。

郡院学者之脩脯，亦不过一钱至半元而止。院中生徒亦分数班。班有专师，有专教算学之师，有专教格物之师，有专教重学、理学、史鉴、舆地、绘画、各国语言文字之师。期满考列上等，则各就其艺能，或入实学院，或入技艺院。其实学分上下两院，皆以实学为主，约分十三班：初入院在末班，每班留学一年，阅十三年遍历诸班，方能出院。上院考出，入太学院，免三年军籍。下院虽列首班，仍充军籍，三年可入技艺等院。太学之掌教，必名望出众、才识兼优者，方膺此任。院中书籍、图画、仪器无一不备。

一经学、二法学、三智学、四医学。经学者，教中之学。[8]法学者，考古今政事利弊异同，及奉使外国，修辞通商，有关国例之事。智学者，格物、性理、文字语言之类。医学者，统核全身内、外诸部位，经络表里功用、病源、制配药品、胎产接生诸法。技艺院者，汽机、电报、采矿、陶冶、制炼、织造等事。格物院与技艺院略同。大抵多原于数学，数学则以《几何原本》为宗。其次力学。[9]化学考核金石、植物、胎卵、湿化各物化生之理。其次为天学、测步、五星、七政之交会伏留。其次为航海之学，必娴于地理、测量、驾驶者，方能知船行何度，水性何宜，台飓、沙礁若何趋避。武学院课与实学院同，但多武艺、兵法、御马诸务。通商院则以数学、银学、文字三者为宗，其于各国方言土产、水路陆程、税则和约，以及钱币银单、条规则例、公司保险各事，无不传习。农政院、丹青院、律乐院、师道院、宣道院、女学院、训瞽院、训聋喑院、训孤子院、训罪童院、养废疾院，更有文会、夜学、印书会、新闻馆。别有大书院九处，书籍甚富，听人观览借钞，但不能携之出院。每岁发国帑以赡生徒。其教法之详、教思之广如此。

大抵泰西各国教育人才之道计有三事：曰学校，曰新闻报馆，曰书籍馆。而学校又有三等，一初学以七岁至十五岁为度，求粗通文算、浅略地球史志为准，聪颖者可兼学他国语言文字；中学以十五岁至二十一岁为度，穷究各学，分门别类，无一不赅；上学以二十一岁、二十六岁上下为度，至此则精益求精，每有由故得新，自创一事，为绝无仅有者。

夫欲制胜于人，必尽知其成法，而后能变通，而后能克敌。彼萃数十国人材，穷数百年智力，掷亿万兆资财而后得之，勒为成书，公诸人而不私诸己，广其学而不秘其传者，何也？彼实窃我中国古圣之绪馀，精益求精，以还之中国。虽欲自私自秘焉，而天有所不许也。后之视今，亦犹今之视昔。彼泥古不化，诋为异学，甘守固陋以受制于人者，皆未之思耳。今中国既设同文、方言各馆，水师、武备各堂，历有年所，而诸学尚未深通，制造率仗西匠，未闻有别出心裁创一奇器者，技艺未专，而授受之道未得也。[10]诚能将西国有用之书，条分缕晰，译出华文，颁行天下各书院，俾人人得而学之。[11]以中国幅员之广，人材之众，竭其聪明才力，何难驾西人而上之哉！

——选自夏东元编《郑观应集·盛世危言》(上)

【注释】

[1]编选者注：五卷本原题为《学校》，因八卷本增写《学校下》，并将《学校》改题为《学校上》，故本篇用改动后题名。另原文在某些段落或句子之后，附录有十四卷本所增的文字，为使行文流便和节省篇幅，文中一概不录，凡省去文字之处，在注释中加以说明。原文所带的以小字行文的附注性文字，亦以注释的方式注明。

[2]段后省去十四卷本所增文字。

[3]句后省去十四卷本所增文字。

[4]由：十四卷本，“由”作“为”。

[5]句后有原注：即下至聋、瞽、喑、哑残疾之人，亦莫不有学，使习一艺以自养其天刑之躯。立学之法可谓无微不至矣。

[6]躐等：逾越等级。

[7]脩脯：指干肉，此代指学费。

[8]句后注：即耶稣、天主之类。

[9]句后注:力学者考究各物之力量。

[10]注:句后省去十四卷本所增文字。

[11]注:句后省去十四卷本所增文字。

【赏析】

郑观应所生活的时代是外国资本主义在中国侵略加剧的时代,此时的民族危机愈加严重。他从此前变法的失败教训中得到深刻认识,认为中国的政治改革大多都以失败结束或者收效甚微,主要是由于中国民智未开的缘故,为此他主张应该先办教育、开民智,而后再进行政治改革。郑观应在他的一系列著作中提出了较为系统的教育主张,《学校》等教育论文即是他在这方面的代表之作。《学校》撰写于清光绪十八年,一开篇就明确指出,"学校者,造就人才之地,治天下之大本也",故而他一直主张要广泛建立学校,以为中国开启民智、培养人才。同时,他还在文章中详细介绍了泰西各国(以德国为例)的学校制度,甚至不厌其烦地对西方学制的性质、任务、学习年限、课程内容、教学形式、考试方法等进行论述。最后,基于对西方学制的认识,他还对建立中国自己的学制提出了要求和建议:"夫欲制胜于人,必尽知其成法,而后能变通,而后能克敌",主张对于西学不能盲目排斥,而应该加以学习,为我所用,最终超越西方各国。当然,郑观应的这些思想并不是空穴来风,而是有其渊源所自。郑观应是清末进步的官僚,同时也是一名实业家,他深深地感受到当时的国家和民族正处于内忧外患、危机重重之际,因此他对西方的学校制度的极力推崇,主要是基于"救亡图强"的思想意识。《学校》这篇论文反映了他作为早期改良派代表的教育思想,它主要体现在注重新式学堂的建立、倡导西方学制、寄望以教育改良社会等方面,在洋务派与维新派之间起了承前启后的作用,对中国近代学制的产生和颁行也产生了重大影响。(赵目珍)

黄遵宪

黄遵宪(1848—1905),广东嘉应州(今梅州市)人,字公度,别号人境庐主人,清末爱国诗人、外交家、政治家、教育家。担任过驻日、驻英使馆参赞、旧金山总领事、新加坡总领事等职,戊戌变法期间任湖南按察使,协助巡抚陈宝箴推行新政。他诗文兼长,喜以新事物熔铸入诗,有“诗界革新导师”之称,著有《人境庐诗草》《日本国志》《日本杂事诗》等。

赠梁任父同年[1]

寸寸河山寸寸金,侊离分裂力谁任?[2]
杜鹃再拜忧天泪,[3]精卫无穷填海心。[4]

——选自刘世南选注《黄遵宪诗选注》

【注释】

[1]梁任父:即梁启超,号任公,故称其为任父。父是对男子的美称。同年:指考试同榜登第的人。

[2]侊离:分割,分裂。

[3]杜鹃再拜:出自杜甫《杜鹃》,“杜鹃暮春至,哀哀叫其间。我见常再拜,重是古帝魂”。这里借杜鹃自喻,表达爱国之情。

[4]精卫填海:出自《山海经》,“是炎帝之少女,名曰女娃。女娃游于东海,溺而不返,故为精卫,常衔西山之木石,以堙于东海。”这里

用此典故表达为救国救民而奋斗到底的决心。

【赏析】

本诗写于光绪二十二年(1896 年),作者因准备创办《时务报》宣传变法图强,特邀梁启超到上海任总编,并写下一组七绝送给梁。组诗共六首,这里选的是其中一首。首句“寸寸河山寸寸金”,饱含深情,表达了对祖国大好河山的无比热爱。次句笔锋陡转,与第一句形成强烈对比,写如此大好河山却正遭受列强瓜分欺凌的现实,面对山河破碎,风雨飘摇,怎不令人扼腕长叹!末二句,诗人借用历史典故和神话传说,表达拳拳爱国之心。“杜鹃”相传为古代蜀国君王杜宇所化。杜宇号望帝,生前爱护百姓,后禅位于臣子,退隐西山,死后虽化身为鸟,仍牵挂故国,日夜悲鸣,以至口中流血。诗人以杜鹃自比,表达了深切的忧国忧民之情。“精卫”原为炎帝之女,因游东海而淹死,故魂化精卫,每日衔木石填海。诗人在此借用“精卫填海”的典故,既是自明心志,也是激励友人:虽然力量微弱,但为国家民族的前途而努力奋斗的决心却矢志不渝。作为“诗界革命”的一面旗帜,黄遵宪的诗歌真实生动地反映了当时的社会现实,爱国之情力透纸背,无怪钱仲联先生评价他的诗,“抚时感事之作,悲壮激越,传之他年,足当诗史。”(杨智)

严　复

严复(1854—1921),原名宗光,字又陵,后改名复,字几道,福建侯官县人。是清末极具影响的资产阶级启蒙思想家,翻译家和教育家。曾担任过京师大学堂译局总办、上海复旦公学校长、安庆高等师范学堂校长,清朝学部名辞馆总编辑。翻译了《天演论》,创办了《国闻报》,系统地介绍西方民主和科学,宣传维新变法思想,将西方的社会学、政治学、政治经济学、哲学和自然科学介绍到中国,提出的"信、达、雅"的翻译标准,对后世的翻译工作产生了深远影响。

救亡决论

(节选)

天下理之最明而势所必主者,如今日中国不变法则必亡是已。然则变将何先?曰:莫亟于废八股。夫八股非自能害国也,害在使天下无人才。其使天下无人才奈何?曰:有大害三:

其一害曰:锢智慧。今夫生人之计虑智识,其开也,必由粗以入精,由显以至奥,层累阶级,脚踏实地,而后能机虑通达,审辨是非。方其为学也,必无谬悠影响之谈,[1]而后其应事也,始无颠倒支离之患。何则?其所素习者然也。而八股之学大异是。垂髫童子,目未知菽粟之分,其人学也,必先课之以《学》《庸》《语》《孟》,开宗明义,明德新民,讲之既不能通,诵之乃徒强记。如是数年之后,行将执简操觚，[2]学为经义，先生教之以擒挽之死法，弟子资之于剽窃以成章。一文之成，自问不知何语。迨夫观风使至，群然挟兔册，裹饼饵，逐队唱名，俯首就案，不违功令，皆足求售，谬种流传，羌无一是。如是而博一衿矣，则其荣可以夸乡里；又如是而领乡荐矣，则其效可以觊民社。至于成贡士，入词林，则其号愈荣，而自视也亦愈大。出宰百里，入主曹司，珥笔登朝，[3]公卿跬步，以为通天地人之谓儒。经朝廷之宾兴，蒙皇上之亲策，是朝廷固命我为儒也。千万旅进，人皆铩羽，我独成龙，是冥冥中之鬼神，又许我为儒也。夫朝廷鬼神皆以我为儒，是吾真为儒，且真为通天地人之儒。从此天下事来，吾以半部《论语》治之足矣，又何疑哉！又何难哉！做秀才时无不能做之题，做宰相时自无不能做之事，此亦其所素习者然也。谬妄糊涂，其曷足怪？

其二害曰：坏心术。揆皇始创为经义之意，其主于愚民与否，吾不敢知。而天下后世所以乐被其愚者，岂不以圣经贤传，无语非祥，八股法行，将以“忠信廉耻”之说渐摩天下，使之胥出一途，而风俗亦将因之以厚乎？而孰知今日之科举，其事效反于所期，有断非前人所及料者。今姑无论试场大弊，如关节、顶替、倩枪、联号，诸寡廉鲜耻之尤，有力之家，每每为之，而未尝稍以为愧也。请第试言其无弊者，则孔子有言：“知之为知之，不知为不知，是知也”，故言止于所不知，固学者之大戒也。而今日八股之士，乃真无所不知。夫无所不知，非人之所能也。顾上既如是求之，下自当以是应之。应之奈何？剿说是已。夫取他人之文词，腆然自命为己出，此其人耻心所存，固已寡矣。苟缘是而侥幸，则他日掠美作伪之事愈忍为之，而不自知其为可耻。然此犹其临场然耳。又说：至其平日用功之顷，则人手一编，号曰揣摩风气。即有一二聪颖子弟，明知时尚之日非，然去取所关，苟欲求售，势必俯就而后可。夫所贵于为士，与国家养士之深心，岂不以矫然自守，各具特立不诡随之风，而后他日登朝，乃有不苟得不苟免之概耶！乃今者，当其做秀才之日，务必使之习为剿窃诡随之事，致令羞恶是非之心，旦暮梏亡，[4]所存濯濯。又何怪委贽通籍之后，以巧宦为宗风，以趋时为秘诀。否塞晦盲，真若一丘之貉。苟利一身而已矣，遑恤民生国计也哉！且其害不止此。每逢春秋两闱，闱内外所张文告，使不习者观之，未有不欲股弁者。逮亲见其实事，乃不徒大谬不然，抑且变本加厉。此奚翅当士子出身之日，先教以赫赫王言，实等诸济窍飘风，不关人事，又何怪他日者身为官吏，刑在前而不慄，议在后而不惊。何则？凡此又皆所素习者然也。是故今日科举之事，其害不止于锢智慧，坏心术，其势且使国宪王章渐同粪土，而知其害者，果谁也哉？

其三害曰：滋游手。杨子云有言："言，心声也；书，心画也。"故知言语文字二事，系生人必具之能。人不知书，其去禽兽也，仅及半耳。中国以文字一门专属之士，而西国与东洋则所谓四民之众，降而至于妇女走卒之伦，原无不识字知书之人类。且四民并重，从未尝以士为独尊，独我华人，始翘然以知书自异耳。至于西洋理财之家，且谓农工商贾皆能开天地自然之利，自养之外，有以养人，独士枵然，开口待哺。故士者，固民之蠹也。唯其蠹民，故其选士也，必务精，而最忌广；广则无所事事，而为游手之民，其弊也，为乱为贫为弱。而中国则后车十乘，从者百人，孟子已肇厉阶。[5]至于今日之士，则尚志不闻，素餐等诮。十年之间，正恩累举，朝廷既无以相待，士子且无以自存。棫朴丛生，人文盛极。若以孙文台杀荆州太守坐无所知者例之，则与当涂公卿，皆不容于尧舜之世者也。况夫益之以保举，加之以捐班，决疣溃痈，[6]靡知所届。中国一大豕也，群虱总总，处其奎蹄曲隈，必有一日焉，屠人操刀，具汤沐以相待，至是而始相吊也，固已晚矣。悲夫！

夫数八股之三害，有一于此，则其国鲜不弱而亡，况夫兼之者耶！今论者将谓八股取士，固未尝诚负于国家，彼自明以来用之矣，其所收之贤哲钜公，指不胜屈，宋苏轼常论之矣。果循名责实之道行，则八股亦何负于天下？此说固也，然不知利禄之格既悬，则无论操何道以求人，将皆有聪明才智之俦入其彀。设国家以饭牛取士，亦将得宁戚、百里大夫；以牧豕取士，亦将得卜式、公孙丞相。假当日见其得人，遂以此为科举之桓法，则诸公以为何如？夫科举之事，为国求才也，劝人为学也。求才为学二者，皆必以有用为宗。而有用之效，征之富强；富强之基，本诸格致。不本格致，将无所往而不荒虚，所谓"蒸砂千载，成饭无期"者矣。[7]彼苏氏之论，取快一时，盖方与温公、介甫立异抵巇，又何可视为笃论耶！总之，八股取士，使天下消磨岁月于无用之地，堕坏志节于冥昧之中，长人虚骄，昏人神智，上不足以辅国家，下不足以资事畜。破坏人才，国随贫弱。此之不除，徒补苴罅漏，张皇幽眇，无益也，虽练军实、讲通商，亦无益也。何则？无人才，则之数事者，虽举亦废故也。舐糠及米，[8]终致危亡而已。然则救之之道当何如？曰：痛除八股而大讲西学，则庶乎其有鸠耳。东海可以回流，吾言必不可易也。

——选自王栻主编《严复集·诗文》

【注释】

[1]谬悠：虚空悠远。引申为荒诞无稽。

[2]执简操觚：这里谓拿起纸来。觚，古人书写时所用的木简。

[3]珥笔：古代史官、谏官上朝，常插笔冠侧，以便记录，谓之"珥笔"。

[4]梏亡：指因受束缚而致丧失，语出《孟子·告子上》："则其旦昼之所为，有梏亡之矣。"

[5]厉阶：指祸端；祸患的来由。见《诗·大雅·桑柔》："谁生厉阶，至今为梗。"

[6]决疣溃痈：比喻腐败之极。

[7]蒸砂千载，成饭无期：《蒸砂拟作饭》是唐代著名诗僧寒山所作的一首无题诗，比喻参禅悟道不应拘泥于形式，而在于了悟本性的

道理。这里指蒸砂不能成饭，喻若不于根本上用心，则是枉费心力。

[8]舐糠及米：舐，指用舌头舔东西。舔米外的糠，一直舔到里面的米。比喻在占据的地方夺取政权。也比喻由表及里，逐步进逼。

【赏析】

经过甲午战争的深耻大辱，有识之士开始以维新与变革的眼光重新审视中国腐朽的传统文化，其中聚焦的重要方面为中国教育制度的改革。政界、教育界开始相继出现了“科举”与“学校”之争、“新学”与“旧学”之争、“西学”与“中学”之争，为推行自己“鼓民力、开民智、新民德”的政治与教育主张，严复撰写了此《救亡决论》，分三篇发表于1895年5月1日至6月18日的天津《直报》上。文章高举“西学”的旗帜，对日趋僵化的八股取士的科举制度进行了猛烈抨击，堪称一篇当时维新派教育改革的重要战斗檄文。文章主题鲜明，就是要废八股，兴西学，先以犀利尖锐之语历数八股弊端：“夫八股非自能害国也，害在使天下无人才”，又详细铺陈了八股取士的三大危害：一曰：锢智慧，使学生只会生吞活剥，剽窃成章，而无实际经世致用之材。二曰：坏心术，终会造就一批“以七宦为宗风，以趋时为秘诀”的无赖学人。三曰：滋游手，循此所取之士，创造实际价值之力乏陈，终成一群弱国贫国的游手好闲之辈。而与汉学、宋学截然两途的西学，却具重科学研究、参验务实、据理行术的先进特性，从救国之道来看，中国要培养精通曲线力学、工程材料、天文历算的士军，“非明西学格致必不可”“欲救中国之亡，必在通知外国之事”，而通知外国之事，“则舍西学洋文必不可”。言论激进，却体现了“哀其不幸，怒其不争”的拳拳爱国之心，是封建时代最末期新兴资产阶级理论勇气与忧国情怀的集中体现。（王凡）

丘逢甲

丘逢甲(1864—1912),祖籍广东,生于台湾,字仙根,又字吉甫,号蛰庵。清末爱国诗人、教育家、抗日保台志士。曾于甲午战争时组织台湾义军抗日,事败后内渡广东,兴办教育,倡导新学,支持康梁维新变法,后投身民主革命,策划了"黄冈起义"。中华民国成立后,曾被选为广东省代表参加孙中山组织的临时政府。其诗以怀念台湾和感愤时事之作最为突出,气壮志奋,情真意切,被梁启超誉为"诗界革命之巨子"。著有《柏庄诗草》《岭云海日楼诗钞》等。

离台诗

宰相有权能割地,[1]孤臣无力可回天。[2]
扁舟去作鸱夷子,[3]回首河山意黯然。[4]

——选自丘逢甲著《岭云海日楼诗钞》

【注释】

[1]宰相:指李鸿章。1895年,他作为全权大臣与日本首相伊藤博文签订了《马关条约》,将台湾割让给日本。

[2]孤臣:作者自指。

[3]鸱夷子:指春秋时期的范蠡,在辅佐越王勾践复国后,他浮海离国,化名为鸱夷子皮。

[4]黯然:情绪低落、心情沮丧。

【赏析】

《离台诗》是丘逢甲于1895年夏将乘舟离开台湾时所作，一共有六首，这里选的是第一首。诗前原有小序："将行矣，草此数草，聊写积愤。"可见本诗实为作者的抒愤之作。当时，清政府因甲午中日战争失败，派直隶总督兼北洋大臣李鸿章为谈判代表，与日本签订了丧权辱国的《马关条约》，将台湾割让给日本。丘逢甲率台湾义军英勇奋战，前后毙敌三万余人，但终因敌我力量悬殊而失败，诗人也被迫内渡广东避难。临行之际，他遥望家乡宝岛，满怀悲愤之情，自名"海东遗民"，写下此诗。前两句中的"宰相"和"孤臣"形成鲜明的对比：一个割地赔款，丧权辱国；一个奋起抵抗，不屈不挠。一正一反之间，表达了诗人对清政府割台卖国的强烈不满和自己无力回天、壮志难酬的悲愤。后两句借春秋时期范蠡的典故，暗指自己将离台渡海而去。但是与范蠡不同的是，范蠡的离去是主动的，心情是平静的，而诗人的离开却是被迫的，心情是黯然神伤的。想到台湾即将沦为异域，故乡父老从此将惨遭日本铁蹄欺凌，诗人心如刀绞，悲痛难抑。本诗抒怀感时悲凉激越，爱国之情震撼人心，大有老杜遗风。（杨智）

春　愁

春愁难遣强看山，往事惊心泪欲潸。[1]
四百万人同一哭，[2]去年今日割台湾。[3]

——选自丘逢甲著《岭云海日楼诗钞》

【注释】

[1]潸：形容流泪。

[2]四百万人：指台湾人民。

[3]去年今日：指1895年4月17日，清政府与日本签订丧权辱

国的《马关条约》，将台湾割让给日本。

【赏析】

本诗作于1896年春，此时距《马关条约》签订已经一年，诗人此时已经离开台湾，内渡大陆。首句“春愁难遣强看山”，起势不凡，一个“强”字写出春愁难以排解。春天本是一年中最美好的时节，但诗人却想起去年的往事而忧愁难解。“春愁”本是中国古诗词中常见的词语，但在此诗中却有着现实所指：一年前，台湾被清政府无耻地出卖给日本，诗人曾组织台湾义军抗击日本侵略者，不幸失败，自己也被迫离开故土。往事不堪回首，看到春山，想到台湾的大好河山如今已经落入日寇之手，诗人不禁怆然泪下。后两句由自己哭泣联想到台湾人民共同哭泣，以一人之泪写出全台湾人民之泪，以一人之心写尽全台湾人民之心。去年的今天，当台湾被迫与祖国分离之时，四百万台湾人民同声痛哭，俯地悲泣。此情此景，催人泪下，生动地记录了台湾被割让时的情景。本诗没有华丽的技巧，只有朴实无华的语言，却震撼人心。“感人心者，莫先乎情”，诗人将自己融入人民之中，真实地传达了当时台湾人民的心声，表现了自己强烈的“台湾情结”和爱国热情。时至今日，重读此诗，依然具有很强的现实意义——尽早解决台湾问题，实现祖国完全统一和中华民族伟大复兴，是海内外中华儿女的共同愿望。（杨智）

谭嗣同

谭嗣同(1865—1898),字复生,号壮飞,湖南浏阳人,中国近代维新派政治家、思想家,为“戊戌六君子”之一。其代表作《仁学》,是维新派的第一部哲学著作。中日甲午战争后,疾愤中国积弱不振,在湖南倡办时务学堂、南学会等,主办《湘报》,倡导实业,宣传变法维新,推行新政。1896 年 2 月,谭嗣同入京,结交梁启超、翁同龢等人。公元 1898 年谭嗣同参加领导戊戌变法,失败后被杀,年仅 33 岁。后人编有《谭嗣同全集》。

有感一章

世间无物抵春愁,[1]合向苍冥一哭休。[2]
四万万人齐下泪,天涯何处是神州?[3]

——选自《谭嗣同全集》

【注释】

[1]抵:抵消。

[2]合:应当;合该。苍冥:苍天。休:停止;休止。

[3]天涯:边远的地方。此处指沿海边疆。神州:指中国。

【赏析】

谭嗣同这首七言绝句作于 1896 年。中日甲午战争中国战败,慈禧太后授权李鸿章于公元 1895 年 4 月 17 日签订了丧权辱国的《马关条约》，割地赔款，以求苟安。此时，谭嗣同在帮助任湖北巡抚的父亲处理赈灾事务，闻知《马关条约》的内容后，悲愤异常，写下了这首感怀诗。

谭嗣同情不自禁地想起头年春天国家所蒙受的奇耻大辱，无比激愤地写道：世间没有什么事物能抵消得了丧权辱国给我的无尽忧愁。诗人忧思郁结，悲愤难抑，这深重的忧愤该当向着苍天呼号。山河破碎，国势颓弱，民怨沸腾，四万万同胞恸伤垂泪。谭嗣同的思想如瀚海怒潮，无法平静。他在给自己的老师欧阳中鹄的信中说："和议条款，竟忍以四百兆人民之身家性命，一举而弃之。"忧心如焚，难以自已。"天涯何处是神州？"诗人将人们的心带到一种更凄然的境地。《马关条约》签订后，帝国主义列强瓜分中国日遽，泱泱大国将何以自立于世？这首诗抒发了作者亡国失地的无限悲愤和对国运的深沉忧虑，救亡图存、变法维新的强烈欲望蓄势待发。（萧小玉）

孙中山

孙中山(1866—1925),出生于广东省香山县,名文,字载之,号日新,又号逸仙,中华民国和中国国民党的缔造者,三民主义的倡导者,《五权宪法》的创立者。1905 年创立中国同盟会。1911 年领导震惊世界的辛亥革命并取得成功,推翻了清王朝统治,被推举为中华民国临时大总统。1925 年 3 月病逝于北京。习近平曾评价:"孙中山先生是伟大的民族英雄、伟大的爱国主义者、中国民主革命的伟大先驱,一生以革命为己任,立志救国救民,为中华民族作出了彪炳史册的贡献。"著有《建国方略》《建国大纲》《三民主义》等。其著述在逝世后多次被结集出版,有中华书局 1986 年出版的著作《孙中山全集》11 卷本。

《民报》发刊词[1]

(一九〇五年十月二十日)

近时杂志之作者亦多矣。婍词以为美,嚣听而无所终,摘埴索涂不获,则反覆其词而自惑。求其斟时弊以立言,如古人所谓对症发药者,已不可见,而况夫孤怀宏识、远瞩将来者乎?夫缮群之道,与群俱进,而择别取舍,惟其最宜。此群之历史既与彼群殊,则所以掖而进之之阶级,不无后先进止之别。由之不贰,此所以为舆论之母也。

余维欧美之进化,凡以三大主义:曰民族,曰民权,曰民生。罗马之亡，民族主义兴，而欧洲各国以独立。洎自帝其国，威行专制，在下者不堪其苦，则民权主义起。十八世纪之末，十九世纪之初，专制仆而立宪政体殖焉。世界开化，人智益蒸，物质发舒，百年锐于千载，经济问题继政治问题之后，则民生主义跃跃然动，二十世纪不得不为民生主义之擅场时代也。是三大主义皆基本于民，递嬗变易，而欧美之人种胥冶化焉。其他旋维于小己大群之间而成为故说者，皆此三者之充满发挥而旁及者耳。

今者中国以千年专制之毒而不解，异种残之，外邦逼之，民族主义、民权主义殆不可以须臾缓。而民生主义，欧美所虑积重难返者，中国独受病未深，而去之易。是故或于人为既往之陈迹，或于我为方来之大患，要为缮吾群所有事，则不可不并时而弛张之。嗟夫！所陟卑者其所视不远，游五都之市，见美服而求之，忘其身之未称也，又但以当前者为至美。近时志士舌敝唇枯，惟企强中国以比欧美。然而欧美强矣，其民实困，观大同盟罢工与无政府党、社会党之日炽，社会革命其将不远。吾国纵能媲迹于欧美，犹不能免于第二次之革命，而况追逐于人已然之末轨者之终无成耶！夫欧美社会之祸，伏之数十年，及今而后发见之，又不能使之遽去。吾国治民生主义者，发达最先，睹其祸害于未萌，诚可举政治革命、社会革命毕其功于一役。还视欧美，彼且瞠乎后也。

翳我祖国，以最大之民族，聪明强力，超绝等伦，而沉梦不起，万事堕坏；幸为风潮所激，醒其渴睡，旦夕之间，奋发振强，励精不已，则半事倍功，良非夸嫚。惟夫一群之中，有少数最良之心理能策其群而进之，使最宜之治法适应于吾群，吾群之进步适应于世界，此先知先觉之天职，而吾《民报》所为作也。抑非常革新之学说，其理想输灌于人心而化为常识，则其去实行也近。吾于《民报》之出世觇之。

——选自《孙中山全集》

【注释】

[1]此文原刊载于《民报》第1号。《民报》是中国同盟会的机关刊物，月刊。创刊号脱期出版，此处所标时间为该号的印刷日期。

【赏析】

1905年，孙中山先生在日本东京发起成立了中国同盟会，并创办了该会的机关刊物《民报》。本文是孙中山为《民报》创刊号写的发刊词。这是孙中山先生所撰写的一篇非常重要的文章，因为在该文中孙先生提出了“民族”“民权”“民生”的“三大主义”，也即同盟会的政治纲领“三民主义”。在《发刊词》中，孙中山先生主要谈了四个方面的问题：第一，分析了当时知识分子对时弊发表言论的现状，认为他们提出的救国之道大多都不能针对中国的实际对症下药，都是不切实际的幻想。第二，指出了欧美各国“进化”（强盛）的主要原因在于推行“三民主义”，并且推断二十世纪将是民生主义擅场的时代。第三，具体分析了当时中国的国际和国内环境，然后进一步探讨了在中国如何实现“三民主义”：首先指出在中国实行民族主义、民权主义非常紧迫，“不可以须臾缓”；其次认为在中国民生主义得以实现的条件已然具备；最后，在分析欧美强国实行“三民主义”的利弊之后，指出中国在当时实行“三民主义”是可行的。第四，在最后一段，对“三民主义”这一“非常革新之学说”进行了呼吁，号召有识之士贯彻实行，如果能使这一理想深入人心，则中国富强指日可待。（赵目珍）

檀香山兴中会章程[1]·前言

（一八九四年十一月二十四日）

中国积弱，非一日矣！上则因循苟且，粉饰虚张；下则蒙昧无智，鲜能远虑。近之辱国丧师，剪藩压境，堂堂华夏不齿于邻邦，文物冠裳被轻于异族。有志之士，能无抚膺！夫以四百兆苍生之众，数万里土地之饶，固可发奋为雄，无敌于天下；乃以庸奴误国，荼毒苍生，一蹶不兴，如斯之极。方今强邻环列，虎视鹰瞵，久垂涎于中华五金之富、物产之饶。蚕食鲸吞，已效尤于接踵；瓜分豆剖，实堪虑于目前。有心人不禁大声疾呼，亟拯斯民于水火，切扶大厦之将倾。用特集会众以兴中，协贤豪而共济，抒此时艰，奠我中夏。仰诸同志，盍自勉旃！

——选自《孙中山全集》

【注释】

[1]按，孙中山于一八九四年十月抵达檀香山。后创立兴中会，并起草了章程和秘密盟书。标题下所标日期为第一批兴中会会员缴纳会费时的日期，陈少白称兴中会成立于是日。

【赏析】

孙中山不仅是一位爱国志士，更是我国伟大的资产阶级革命先行者。中日甲午战争爆发后，孙中山曾上书李鸿章，阐述自己富国强民的政治见解，他一方面指出当时中国的种种弊端，另一方面指出只有“人尽其才，地尽其利，物尽其用，货畅其流”，才能“修我政理，宏我规模，治我军实，保我藩邦”。然而，他寄托在李鸿章身上“仿行西法，以筹自强”的理想终于没能实现。随着中国在当时世界上的局势每况愈下，孙中山深感“和平之法，无可复施”，“不得不稍易以强迫”，这更加坚定了他组织革命力量推翻清廷的决心。1894年10月，孙中山远渡重洋，赴檀香山组建革命团体，宣传革命思想，得到当地众多华侨的支持。11月24日，兴中会宣布成立，孙中山当场宣布了他所拟的《兴中会章程》，本文即是《兴中会章程》的前言部分。在文章中，孙中山指出中国积弱已久，面临即将被列强瓜分的危险境地，为此他大声疾呼，“亟拯斯民于水火，切扶大厦之将倾”，首次提出了“振兴中华”的口号。所谓“兴中会”，即振兴中华之团体。故有志之士当以

"振兴中华、维持国体"为宗旨,以"驱除鞑虏,恢复中国,创立合众政府"为誓言。《兴中会章程》是孙中山先生起草的一个具有重要里程碑意义的革命文件,"它第一次向中国人民提出了要推翻封建统治、建立欧美式资产阶级民主共和国的革命理想,是中国资产阶级民主革命的第一个纲领",具有划时代的意义。(赵目珍)

孙文学说——行易知难(心理建设)自序

文奔走国事三十余年,毕生学力尽萃于斯,精诚无间,百折不回,满清之威力所不能屈,穷途之困苦所不能挠。吾志所向,一往无前,愈挫愈奋,再接再励,用能鼓动风潮,造成时势。卒赖全国人心之倾向,仁人志士之赞襄,乃得推覆专制,创建共和。本可从此继进,实行革命党所抱持之三民主义、五权宪法,[1]与夫《革命方略》所规定之种种建设宏模,则必能乘时一跃而登中国于富强之域,跻斯民于安乐之天也。不图革命初成,党人即起异议,谓予所主张者理想太高,不适中国之用;众口铄金,一时风靡,同志之士亦悉惑焉。是以予为民国总统时之主张,反不若为革命领袖时之有效而见之施行矣。此革命之建设所以无成,而破坏之后国事更因之以日非也。夫去一满洲之专制,转生出无数强盗之专制,其为毒之烈,较前尤甚。于是而民愈不聊生矣!溯夫吾党革命之初心,本以救国救种为志,欲出斯民于水火之中,而登之衽席之上也。[2]今乃反令之陷水益深,蹈火益热,与革命初衷大相违背者,此固予之德薄无以化格同侪,予之能鲜不足驾驭群众,有以致之也。然而吾党之士,于革命宗旨、革命方略亦难免有信仰不笃、奉行不力之咎也,而其所以然者,非尽关乎功成利达而移心,实多以思想错误而懈志也。

此思想之错误为何?即"知之非艰,行之惟艰"之说也。此说始于傅说对武丁之言，由是数千年来深中于中国之人心，已成牢不可破矣。故予之建设计划，一一皆为此说所打消也。呜呼！此说者予生平之最大敌也，其威力当万倍于满清。夫满清之威力，不过只能杀吾人之身耳，而不能夺吾人之志也。乃此敌之威力，则不惟能夺吾人之志，且足以迷亿兆人之心也。是故当满清之世，予之主张革命也，犹能日起有功，进行不已；惟自民国成立之日，则予之主张建设，反致半筹莫展，一败涂地。吾三十年来精诚无间之心几为之冰消瓦解，百折不回之志几为之槁木死灰者，此也。可畏哉此敌！可恨哉此敌！兵法有云："攻心为上。"是吾党之建国计划，即受此心中之打击者也。

夫国者人之积也，人者心之器也，而国事者一人群心理之现象也。是故政治之隆污，系乎人心之振靡。吾心信其可行，则移山填海之难，终有成功之日；吾心信其不可行，则反掌折枝之易，亦无收效之期也。心之为用大矣哉！夫心也者，万事之本源也。满清之颠覆者，此心成之也；民国之建设者，此心败之也。夫革命党之心理，于成功之始，则被"知之非艰，行之惟艰"之说所奴，而视吾策为空言，遂放弃建设之责任。如是则以后之建设责任，非革命党所得而专也。迨夫民国成立之后，则建设之责任当为国民所共负矣，然七年以来，犹未睹建设事业之进行，而国事则日形纠纷，人民则日增痛苦。午夜思维，不胜痛心疾首！夫民国之建设事业，实不容一刻视为缓图者也。

国民！国民！究成何心？不能乎？不行乎？不知乎？吾知其非不能也，不行也；亦非不行也，不知也。倘能知之，则建设事业亦不过如反掌折枝耳。回顾当年，予所耳提面命而传授于革命党员，而被河汉为理想空言者，至今观之，适为世界潮流之需要，而亦当为民国建设之资材也。乃拟笔之于书，名曰《建国方略》，以为国民所取法焉。然尚有踌躇审顾者，则恐今日国人社会心理，犹是七年前之党人社会心理也，依然有此"知之非艰，行之惟艰"之大敌横梗于其中，则其以吾之计划为理想空言而见拒也，亦若是而已矣。故先作学说，以破此心理之大敌，而出国人之思想于迷津，庶几吾之建国方略，或不致再被国人视为理想空谈也。夫如是，乃能万众一心，急起直追，以我五千年文明优秀之民族，应世界之潮流，而建设一政治最修明、人民最安乐之国家，为民所有、为民所治、为民所享者也。则其成功，必较革命之破坏事业为尤速、尤易也。

时民国七年十二月三十日　孙文自序于上海

——选自孙中山著《孙中山选集》

【注释】

[1]五权宪法：孙中山提倡的行使“五权制度”的宪法原则。五权即行政权、立法权、司法权、考试权、监察权。

[2]登之衽席之上：喻指让普罗大众拥有政治地位。

【赏析】

作为伟大的爱国主义者和民主革命家，孙中山先生为我们缔造了中华民国，这是他为中华历史创立的不朽功勋。同时值得指出的是，他也是一位伟大的启蒙主义者，是一位启蒙思想家。其最突出的贡献，就是在他的倡导下，“三民主义”学说成为当时人们的一种共识。当然，除了“三民主义”，他还有很多伟大的启蒙思想，这在《建国方略》中得到了一定程度的呈现。《建国方略》由三个部分组成，其中第一个部分即“孙文学说——行易知难（心理建设）”，本文是该部分的序言。

在序言中，孙中山首先指出自己为国事奔走三十余年，得仁人志士之襄助，推翻了专制，创建了共和。但是，民国建立之后，革命建设却一直无成。他思忖这其中的原因，认为这与“吾党之士”对革命宗旨和革命方略信仰不笃、奉行不力有莫大关系。探究这其中的根源，他认为主要是由于大家没能在思想上破除“知之非艰，行之惟艰”的传统思想束缚。为了破除大家心中的这个障碍，他专门有针对性地树立起一种与之相对的思想观念，那就是——“行易知难”。

在"行易知难"的理念中,"知"是一个相对宽泛的概念,它既包括自然与社会科学知识,同时也涵盖了传统的思想知识体系;而所说的"行",除了强调个人的道德修养,也强调当时的科学实践和民主主义革命活动,而且从某种意义上说,后者更为重要。应该说,在这篇序言中,孙中山先生所提出的"行易知难"学说,比以往对知行关系的理解前进了一大步,它不仅扩大了知与行的含义,而且使知与行的关系变得更加辩证和圆融。其实,对于大众而言,这也是一种科学启蒙和理性启蒙。(赵目珍)

蔡元培

蔡元培（1868—1940），浙江绍兴山阴县（今浙江绍兴）人，字鹤卿，号孑民，教育家。清光绪进士，翰林院编修。1902 年与蒋观云等发起组织中国教育会，1904 年与陶成章组织光复会，被举为会长，次年参加同盟会。1912 年任中华民国临时政府教育总长。1917 年至 1927 年任北京大学校长。他数度赴德国和法国留学、考察，研究哲学、文学、美学、心理学和文化史。1932 年与宋庆龄等组织中国民权保障同盟。著作编为《蔡元培全集》。

新年梦（节选）

各国的海陆军，既然被中国击败，把从前叫做势力范围的，统统消灭了；兼且从前占去的地方，也统统收回了。中国竟又要锁港了，他们外国哪里甘心，就在德国京城柏林开个大会，商量打破中国的法子，都说："中国的国民爱国心这么纯粹，怕没有法子打他，不如大家罢手与他讲和，还可以沾点通商的利益。"决定以后，就由俄、美两国介绍，与我们议和约。我们虽然战胜，但并不要借此占便宜，趁着各国军备零落的时候，就提出弭兵会的宗旨来。请设一万国公法裁判所，练世界军若干队。裁判员与军人皆按各国户口派定。国中除警察兵外，不得别设军备，两国有龃龉的事，[1]悉由裁判所公断。有不从的，就用世界军打他；国中民人有与政府不合的事，亦可到裁判所控诉。那时候各国听中国的话，同天语一样；又添着俄、美两国的势力，没有敢不从的，既定了约，就立刻照办起来。从此各国竟没有战事，民间渐渐儿康乐起来，那中国人的康乐，自然更高几倍了。偶然想出个新法子，寻出个新利源，就大家合力的办去。从前那些经费不敷、人材不足的弊病都没有了，所以文明的事业达到极顶。讲到风俗道德上面，那时候没有什么姓名，都用号数编的。没有君臣的名目，办事倒很有条理，没有推诿的摩糊的。[2]没有父子的名目，小的倒统统有人教他；老的统统有人养他；病的统统有人医他。没有夫妇的名目，两个人合意了，光明正大的在公园里订定，应着时候到配偶室去，并没有男子狎娼、妇人偷汉这种暗昧事情。初初定了强奸的律，最重犯的处死。又有懒惰的罚，如不准游散、酌减食物等例。后来竟没有人犯的，竟把这种律例废掉了，裁判所也撤了。国内铁道四通。又省了许多你的、我的那些分另词，善、恶、恩、怨等类的形容词，那骂詈恶谑的话更自然没有了。[3]交通又便，语言又简，一国的语言统统画一了；那时候造了一种新字，又可拼音，又可会意，一学就会；又用着言文一致的文体著书印报，记的是顶新的学理，顶美的风俗，无论哪一国的人都欢喜看，又贪着文字的容易学，几乎没有一个人不学的。从文字上养成思想，又从思想上发到实事。第一是俄国，第二是美国，后来传到印度，传到澳洲，又传遍亚、欧、非、美各国，不到六十年，竟把这个新法传遍五洲了。大家商量开一个大会，想把这些国□都消灭了，把那个虚设的万国公法裁判所、世界军也废掉了，立一个胜自然会，因为人类没有互相争斗的事了，大家协力的同自然争，要叫雨晴寒暑都听人类指使，更要排驭空气，[4]到星球上去殖民，这才是地球上人类竞争心的归宿呢。这个大会的日期，恰恰选着后一个甲辰年的正月一日，这位中国"一民"先生已经九十多岁了。这一天预备着要去赴会，遇着一位朋友，他因为志愿已达，高兴的了不得，刚要对着朋友道喜，忽然又听得很大的钟声，竟把他惊醒了。他是在梦里对着那个朋友。所以在这个黑暗世界，还要说道：恭喜！恭喜！新年了，到新世界了！

——选自中国蔡元培研究会编《蔡元培全集》

【注释】

[1]龃龉：牙齿上下对不上，比喻意见不合，相抵触。

[2]推诿：把责任推给别人。摩糊：摩，当为“模”。不分明，不清楚。

[3]詈骂：辱骂。恶谑：令人难堪的嘲弄。

[4]排驭：控制。

【赏析】

蔡元培的小说《新年梦》于1904年2月17日至25日，在《俄事警闻》日报连载。这篇白话文小说写于五四运动前十五年，见证了110多年前蔡元培的政治理想。小说的主人公取名“中国一民”，其寓意就是蔡元培的代言人。“中国一民”是一位出身江南富商的读书人，重实学，也通洋务，“是最爱平等、最爱自由的人”。他十六岁时离家外出，到通商口岸做工度日，学西人的普通学和工艺，又去游历外国，然后回到东三省，由北到南一处一处地考察，回来时已经三十多岁了。小说以丰富的想象力，叙述了“中国一民”除夕梦游至甲辰年正月一日六点的经历，此时“中国一民”已九十多岁了。小说全文约8700字，在此节选小说的最后部分。这一部分集中描绘了未来社会美好的图景：一是击败列强，设立万国公法裁判所，练世界军；二是建立新的中国，文明事业达到极顶，还要把“新法传遍五洲”；三是幻想人类没有争斗，建立“胜自然会”，还要开发星球。正如蔡元培自道，以小说演绎西洋社会主义家言。《新年梦》站在全人类未来的高度梦想世界大同，具有积极的历史意义。（萧小玉）

章太炎

章太炎(1869—1936),浙江余杭人,字枚叔,号太炎,原名学乘,后改名为炳麟。中国近代民主革命家、思想家、著名学者;研究内容广泛,一度涉猎小学、历史、哲学、政治。少年时期勤奋好学,并埋头学问研究,内容包括儒学、经学,收获颇丰。25岁时加入康有为创立的强学会,担任《时务报》编务,为维新变法奔走呼号。变法失败后避于台湾,后东渡日本;在此过程中,章太炎时政治思想逐渐发生改变,开始反对"勤王",主张通过革命来拯救民族危机。从1900年开始致力于与保皇派论战,宣传推翻当局统治的思想,从事革命讲学活动。晚年时正值日军侵华,力主积极抗战。其代表作品有《国故论衡》《驳康有为论革命书》《訄书》。现已陆续出版《章太炎全集》。

狱中赠邹容[1]

邹容吾小弟,被下发瀛州。[2]
快剪刀除辫,干牛肉作糇。[3]
英雄一入狱,天地亦悲秋。
临命须掺手,[4]乾坤只两头!

——选自华强著《章太炎大传》

【注释】

[1]邹容:四川巴县人,字蔚旦。中国民主革命家,号召推翻清朝

统治，著有《革命军》一书。留学日本后继续攻击当局，因政治问题与章炳麟一起被捕，在狱中病死，死时年仅20岁。

[2]被：通“披”。披发指尚未束发成童，形容年纪小。瀛洲：这里指日本。

[3]糇：干粮。

[4]掺手：执手。

【赏析】

1903年，章太炎受好友邹容的请求，写下《〈革命军〉序》一文，发表于当时的《苏报》。章太炎的文章激起当政的不满，故清廷查封《苏报》，将章太炎逮捕投入牢中。邹容闻此自入捕房，志在与章太炎共患难。两人在一起为自身信仰和鼓吹革命奋斗数年，而现在同时入狱，不知未来命运如何。在狱中，章太炎便写下此诗，赠给同在狱中的邹容，以表达自己的心志。

首联叙说邹容往事，回忆小小年纪的邹容在求学路上尽受时局影响但仍自费东渡，留学日本求学。对邹容以小弟相称表明两人同为政治上的同志，都具有民族忧患意识，共同主张革命。颔联以对“除辫”和“作餱”两个行为细节的描写，既表明了邹容力主革命的坚定意志，又从侧面描述了革命人所具有的革命浪漫主义生活气息。作者在颈联将笔锋转到当下，将被捕的邹容称为英雄，并说明天和地亦会为此事悲痛。此番论述为好友邹容树立了一个光辉形象，称赞邹容的伟大义举，也可看出作者因邹容入狱而产生的悲沉心情。尾联章太炎发出呼喊声，面对可能受到的牢狱之灾而誓与邹容共生死，认为自己和邹容的行为是无上光荣的。此诗是表露章、邹两人在革命道路上、在挽救中华民族于危难中的视死如归精神的代表诗作。章太炎当时力在反清，或许只在以换国民新俗、加强国家防御方面，做着自己的努力，然而这正是圆我们中华民族复兴之梦的初始却重要的一步。（谢燮）

梁启超

梁启超(1873—1929),字卓如,一字任甫,号任公,又号饮冰室主人、饮冰子、哀时客、中国之新民、自由斋主人。中国近代思想家、政治家、教育家、史学家、文学家。戊戌变法(百日维新)领袖之一、中国近代维新派、新法家代表人物。维新变法前,与康有为一起发动"公车上书",又与黄遵宪共同创办《时务报》,任长沙时务学堂主讲,著《变法通议》。是近代文学革命运动的理论倡导者,推广"诗界革命",倡导新文化运动,支持五四运动。其著作合编为《饮冰室合集》。

爱国歌四章

泱泱哉!吾中华。最大洲中最大国,廿二行省为一家。[1]物产腴沃甲大地,天府雄国言非夸。君不见,英日区区三岛尚崛起,况乃堂矞吾中华。结我团体,振我精神,二十世纪新世界,雄飞宇内畴与伦。可爱哉!吾国民。可爱哉!吾国民。

芸芸哉![2]吾种族。黄帝之胄尽神明,濅昌濅炽遍大陆。[3]纵横万里皆兄弟,一脉同胞古相属。君不见,地球万国户口谁最多?四百兆众吾种族。结我团体,振我精神,二十世纪新世界,雄飞宇内畴与伦。可爱哉!我国民。可爱哉!我国民。

彬彬哉![4]吾文明。五千余岁历史古,光焰相续何绳绳。圣作贤述代继起,浸濯沈黑扬光晶。君不见,朅来欧北天骄骤进化,宁容久扃吾文明。结我团体，振我精神，二十世纪新世界，雄飞宇内畴与伦。可爱哉！我国民。可爱哉！我国民。

轰轰哉！[5]我英雄。汉唐凿孔县西域，欧亚抟陆地天通。每谈黄祸詟且栗，百年噩梦骇西戎。[6]君不见，博望定远芳踪已千古，时哉后起我英雄。结我团体，振我精神，二十世纪新世界，雄飞宇内畴与伦。可爱哉！我国民。可爱哉！我国民。

——节选自王蘧常注《梁启超诗文选注》

【注释】

[1]廿二行省为一家：清代国内分为直隶、山东、山西、陕西、甘肃、河南、浙江、安徽、江西、湖南、湖北、四川、福建、台湾、广东、广西、云南、贵州十八省，后来又增置奉天、吉林、黑龙江、新疆四省，为二十二省。

[2]芸芸：《老子》一书中有“夫物芸芸”句，指盛多的意思。

[3]瀀昌瀀炽：《诗经·鲁颂·閟宫》“俾尔炽而昌”，炽昌是兴盛的意思。

[4]彬彬：出自《论语·雍也》“文质彬彬”，彬彬是文质完备的意思。

[5]轰轰：盛大的意思。

[6]西戎：指欧洲。

【赏析】

1902年，梁启超以“中国之少年”的笔名，于其创办的《新小说》杂志一卷一号发表了这一组儿童组诗。当时中国正陷入维新运动失败、八国联军入京、《辛丑条约》签订的最黑暗时期，“亡国、亡种、亡天下”的论调成为全民的共同焦虑，目睹这种悲观情绪与危机感的迅速蔓延，梁启超深感振奋国民精神的紧迫。因一直怀揣“少年人才的多寡是衡量国势之强盛的标准”的观点，梁启超及其同时代的知识分子认为爱国精神的激励宜从下一代抓起，他们开始了于儿童诗中弘扬爱国精神的探索，于是这一组“结我团体”“振我精神”“振作华夏”的儿童组诗率先破土而出了。《爱国歌四章》亦成为当时中小学中人人诵读的名篇。

因是儿童组诗，故语言平易浅显，句式自由灵活，虽作此诗的直接原因为“闻英寇云南俄寇伊犁感愤成作”，但全诗充满着挥之不去的民族自豪感与爱国自信心。四个段落为四个篇章，分别从地大物博、人口众多、文明悠久、英雄辈出四个方面赞誉了我古老的中华民族。“泱泱哉”言华夏疆域广大、物产丰富；“芸芸哉”言神州同胞相属、民众之多；“彬彬哉”言五千年文明光耀千古；“轰轰哉”言汉唐之威、英气长存。“可爱哉！吾国民。可爱哉！吾国民”一句在诗中反复吟唱，表达了一个共同的主题：“结我团体，振我精神，二十世纪新世界，雄飞宇内畴与伦。”我华夏古国一定会再次崛起，崛起的时间就在二十世纪！如此高扬的民族自豪感、如此强大的民族自信心、对祖国如此美好的梦想，在当时哀鸿遍野的形势之中，犹如一声响亮的号角，在中国最危难之际唤醒了无比低迷的民众信心，让国人重新坚定了对未来的美好憧憬！（王凡）

少年中国说

日本人之称我中国也，一则曰老大帝国，再则曰老大帝国。是语也，盖袭译欧西人之言也。呜呼！我中国其果老大矣乎？梁启超曰：恶！是何言！是何言！吾心目中有一少年中国在。

欲言国之老少，请先言人之老少：老年人常思既往，少年人常思将来。惟思既往也，故生留恋心；惟思将来也，故生希望心。惟留恋也，故保守；惟希望也，故进取。惟保守也，故永旧；惟进取也，故日新。惟思既往也，事事皆其所已经者，故惟知照例；惟思将来也，事事皆其所未经者，故常敢破格。老年人常多忧虑，少年人常好行乐。惟多忧也，故灰心；惟行乐也，故盛气。惟灰心也，故怯懦；惟盛气也，故豪壮。惟怯懦也，故苟且；惟豪壮也，故冒险。惟苟且也，故能灭世界；惟冒险也，故能造世界。老年人常厌事，少年人常喜事。惟厌事也，故常觉一切事无可为者；惟好事也，故常觉一切事无不可为者。老年人如夕照，少年人如朝阳。老年人如瘠牛，少年人如乳虎。老年人如僧，少年人如侠。老年人如字典，少年人如戏文。老年人如鸦片烟，少年人如泼兰地酒。老年人如别行星之陨石，少年人如大洋海之珊瑚岛。老年人如埃及沙漠之金字塔，少年人如西比利亚之铁路。老年人如秋后之柳，少年人如春前之草。老年人如死海之潴为泽，少年人如长江之初发源：此老年人与少年人性格不同之大略也。梁启超曰：人固有之，国亦宜然。

梁启超曰：伤哉，老大也！浔阳江头琵琶妇，当明月绕船，枫叶瑟瑟，衾寒于铁，似梦非梦之时，追想洛阳尘中春花秋月之佳趣；西宫南内，白发宫娥，一灯如穗，三五对坐，谈开元、天宝间遗事，谱霓裳羽衣曲。青门种瓜人，[1]左对孺人，顾弄孺子，忆侯门似海珠履杂遝之盛事。[2]拿破仑之流于厄蔑，阿剌飞之幽于锡兰，与三两监守吏或过访之好事者，道当年短刀匹马，驰骋中原，席卷欧洲，血战海楼，一声叱咤，万国震恐之丰功伟烈，初而拍案，继而抚髀，[3]终而揽镜。呜呼！面皴齿尽，白发盈把，颓然老矣。若是者舍幽鬱之外无心事，舍悲惨之处无天地，舍颓唐之外无日月，舍叹息之外无音声，舍待死之外无事业，美人豪杰且然，而况寻常碌碌者耶？生平亲友，皆在墟墓，起居饮食，待命于人，今日且过，遑知他日，今年且过，遑恤明年，普天下灰心短气之事，未有甚于老大者。于此人也，而欲望以拏云之手段，回天之事功，挟山超海之意气，能乎不能？

呜呼！我中国其果老大矣乎？立乎今日，以指畴昔，唐虞三代，若何之郅治；秦皇汉武，若何之雄杰；汉唐来之文学，若何之隆盛；康乾间之武功，若何之烜赫；历史家所铺叙，词章家所讴歌，何一非我国民少年时代良辰美景赏心乐事之陈迹哉。而今颓然老矣，昨日割五城，明日割十城，处处雀鼠尽，夜夜鸡犬惊，十八省之土地财产，已为人怀中之肉；四百兆之父兄子弟，已为人注籍之奴，岂所谓“老大嫁作商人妇”者耶？呜呼！凭君莫话当年事，憔悴韶光不忍看！楚囚相对，[4]岌岌顾影，人命危浅，朝不虑夕，国为待死之国，一国之民为待死之民。万事付之奈何，一切凭人作弄，亦何足怪。

梁启超曰：我中国其果老大矣乎？是今日全地球之一大问题也。如其老大也，则是中国为过去之国，即地球上昔本有此国，而今渐澌灭，他日之命运殆将尽也；如其非老大也，则是中国为未来之国，即地球上昔未现此国，而今渐发达，他日之前程且方长也。欲断今日之中国为老大耶？为少年耶？则不可不先明国字之意义。夫国也者何物也？有土地；有人民；以居于其土地之人民而治其所居之土地之事，自制法律而自守之，有主权，有服从，人人皆主权者，人人皆服从者。夫如是斯谓之完全成立之国。地球上之有完全成立之国也，自百年以来也。完全成立者，壮年之事也；未能完全成立而渐进于完全成立者，少年之事也。故吾得一言以断之曰：欧洲列邦在今日为壮年国，而我中国在今日为少年国。

夫古昔之中国者，虽有国之名，而未成国之形也。或为家族之国，或为酋长之国，或为诸侯封建之国，或为一王专制之国，虽种类不一，要之其于国家之体质也，有其一部而缺其一部。正如婴儿自胚胎以迄成童，其身体之一二官支，先行长成，此外则全体虽粗具，然未能得其用也。故唐虞以前为胚胎时代，殷周之际为乳哺时代，由孔子而来至于今为童子时代，逐渐发达，而今乃始将入成童以上少年之界焉。其长成所以若是之迟者，则历代之民贼有窒其生机者也。譬犹童年多病，转类老态，或且疑其死期之将至焉，而不知皆由未完成未成立也。非过去之谓，而未来之谓也。

且我中国畴昔，岂尝有国家哉，不过有朝廷耳，我黄帝子孙，聚族而居，立于此地球之上者既数千年，而问其国之为何名，则无有也。夫所谓唐、虞、夏、商、周、秦、汉、魏、晋、宋、齐、梁、陈、隋、唐、宋、元、明、清者，则皆朝名耳。朝也者，一家之私产也。国也者，人民之公产也。朝有朝之老少，国有国之老少。朝与国既异物，则不能以朝之老少而指为国之老少明矣。文、武、成、康，周朝之少年时代也；幽、厉、桓、赧，则其老年时代也。高、文、景、武，汉朝之少年时代也。元、平、桓、灵，则其老年时代也。自馀历朝，莫不有之。凡此者，谓为一朝廷之老也则可，谓为一国之老也则不可。一朝廷之老且死，犹一人之老且死也，于吾所谓中国者何与焉。然则，吾中国者，前此尚未出现于世界，而今乃始萌芽云尔。天地大矣，前途辽矣。美哉，我少年中国乎！

玛志尼者，[5]意大利三杰之魁也。以国事被罪，逃窜异邦。乃创立一会，名曰少年意大利。举国志士，云涌雾集以应之，卒乃光复旧物，使意大利为欧洲之一雄邦。夫意大利者，欧洲之第一之老大国也，自罗马亡后，土地隶于教皇，政权归于奥国，殆所谓老而濒于死者矣，而得一玛志尼，且能举全国而少年之，况我中国之实为少年时代者耶？堂堂四百余州之国土，凛凛四百余兆之国民，岂遂无一玛志尼其人者！

龚自珍氏之集有诗一章，题曰《能令公少年行》，吾尝爱读之，而有味乎其用意之所存。我国民而自谓其国之老大也，斯果老大矣；我国民而自知其国之少年也，斯乃少年矣。西谚有之曰："有三岁之翁，有百岁之童。"然则国之老少，又无定形，而实随国民之心力以为消长者也。吾见乎玛志尼之能令国少年也，吾又见乎我国之官吏士民能令国老大也，吾为此惧！夫以如此壮丽浓郁翩翩绝世之少年中国，而使欧西，日本人谓我为老大者何也？则以握国权者皆老朽之人也。非哦几十年八股，非写几十年白折，非当几十年差，非捱几十年俸，非递几十年手本，非唱几十年喏，非磕几十年头，非请几十年安，则必不能得一官，进一职。其内任卿贰以上，外任监司以上者，百人之中，其五官不备者，殆九十六七人也，非眼盲，则耳聋，非手颤，则足跛，否则半身不遂也。彼其一身饮食步履视听言语，尚且不能自了，须三四人在左右扶之捉之，乃能度日，于此而乃欲责之以国事，是何异立无数木偶而使；治天下也。且彼辈者，自其少壮之时，既已不知亚细亚、欧罗巴为何处地方，汉祖、唐宗是哪朝皇帝，犹嫌其顽钝腐败之未臻其极，又必搓磨之，陶冶之，待其脑髓已涸，血管已塞，气息奄奄，与鬼为邻之时，然后将我二万里山河，四万万人命，一举而畀于其手。呜呼！老大帝国，诚哉其老大也。而彼辈者，积其数十年之八股、白折、当差、捱俸、手本、唱喏、磕头、请安，千辛万苦，千苦万辛，乃始得此红顶花翎之服色，中堂大人之名号，乃出其全副精神，竭其毕生力量，以保持之。如彼乞儿，拾金一锭，虽轰雷盘旋其顶上，而两手犹紧抱其荷包，他事非所顾也，非所知也，非所闻也。于此而告之以亡国也，瓜分也，彼乌从而听之，乌从而信之。即使果亡矣，果分矣，而吾今年七十矣八十矣，但求其一两年内，洋人不来，强盗不起，我已快活过了一世矣。若不得已，则割三头两省之土地奉申贺敬，[6]以换我几个衙门；卖三几百万之人民作仆为奴，以赎我一条老命，有何不可？有何难办。呜呼！今之所谓老后、老臣、老将、老吏者，其修身、齐家、治国、平天下之手段，皆具于是矣。“西风一夜催人老，凋尽朱颜白尽头。”使走无常当医生，携催命符以祝寿，嗟乎痛哉！以此为国，是安得不老且死，且吾恐其未及岁而殇也。

梁启超曰：造成今日之老大中国者，则中国老朽之冤业也；制出将来之少年中国者，则中国少年之责任也。彼老朽者何足道，彼与此世界作别之日不远矣，而我少年乃新来而与世界为缘。如僦屋者然，彼明日将迁居他方，而我今日始入此室处。将迁居者，不爱护其窗栊，不洁治其庭庑，俗人恒情，亦何足怪。若我少年者，前程浩浩，后顾茫茫，中国而为牛、为马、为奴、为隶，则烹脔鞭棰之惨酷，[7]惟我少年当之；中国如称霸宇内，主盟地球，则指挥顾盼之尊荣，惟我少年享之，于彼气息奄奄，与鬼为邻者，何与焉？彼而漠然置之，犹可言也；我而漠然置之，不可言也。使举国之少年而果为少年也，则吾中国为未来之国，其进步未可量也；使举国之少年而亦为老大也，则吾中国为过去之国，其澌亡可翘足而待也。故今日之责任，不在他人，而全在我少年。少年智则国智，少年富则国富；少年强则国强，少年独立则国独立，少年自由则国自由，少年进步则国进步，少年胜于欧洲则国胜于欧洲，少年雄于地球则国雄于地球。红日初升，其道大光；河出伏流，一泻汪洋。潜龙腾渊，鳞爪飞扬；乳虎啸谷，百兽震惶。鹰隼试翼，风尘吸张；奇花初胎，矞矞皇皇。[8]干将发硎，有作其芒。天戴其苍，地履其黄。纵有千古，横有八荒。前途似海，来日方长。美哉我少年中国，与天不老；壮哉我中国少年，与国无疆！

——选自王蘧常注《梁启超诗文选注》

【注释】

[1]“青门”四句：用汉初召平事。召平本为秦东陵侯，秦亡后为布衣，在长安城东南门（亦称青门）外种瓜，瓜味甜美，人称东陵瓜或青门瓜。

[2]珠履杂遝：形容贵客众多。

[3]抚髀：抚髀而悲。典出《三国志·蜀书先生纪》引《九州春秋》。髀：大腿。

[4]楚囚相对：见《世说新语·言语》。过江诸人，相视流泪。王导厉声说：“当共戮力王室，克复神州，何至作楚囚相对。”

[5]玛志尼（1805—1872）：近代意大利独立运动的倡导者、活动家。当时意大利受法、奥的宰割，玛志尼创“少年意大利同盟”，失败后流亡国外，又组织新党，终于完成意大利统一事业。

[6]奉申敬贺：敬献上去作为贺礼。

[7]烹脔鞭棰：泛指烹煎、宰割、鞭打、棍杖等酷刑。

[8]矞矞皇皇：形容光彩盛大。

【赏析】

《少年中国说》是梁启超先生一篇意气风发的激情之作，“开文章之新体，激民气之暗潮”，在近代探索中华之崛起的历史道路上，有着“救亡”与“启蒙”的双重意义。此文一出，警醒当时，激励后世。此文作于甲午战争与戊戌变法失败之后，清廷的腐败、列强的瓜分，造成了中华民族空前的危机，中国还有没有希望？面对国人的怀疑与外国抛出“老大帝国”的称号，梁启超以非凡的气魄，奋笔首出了“吾心目中有一少年中国在”的观点与心声。他将“老大帝国”与“少年中国”进行了鲜明的对比，以政治家的远见卓识直率地指出中国面临着亡国之危机，也存在着“颓然老矣”的状况，笔锋直指造成国家衰败的祸首：“顽钝腐败”的清廷封建老朽们，他们的明哲保身、软弱无能已使大清帝国积贫积弱、垂垂老矣！接着，梁启超以诗意的笔触描摹出一幅现代国家的美好图景：“壮丽浓郁翩翩绝世之少年中国”，向世界展示了一个充满着希望与光明的中国，一个有着完整主权、健全法制，民主、自由、自治的现代中国。而这现代中国的实现，其责任“不在他人，而在我少年”，这里少年的力量得到了极大的张扬，他期望少年智、强、独立、自由、进步，则国家即会智、强、独立、自由、进步。只要少年能完成这一历史使命，则一个充满希望的少年中国便会屹立于世界东方。“美哉我少年中国，与天不老；壮哉我中国少年，与国无疆！”读之令人激情澎湃，历史瞬息万变，这一伟大的梦想，至今仍激励着我们奋勇前行！（王凡）

徐自华

徐自华（1873—1935），字寄尘，号忏慧，石门（今浙江桐乡）人。徐自华生性敏慧，读书常过目不忘，善作诗。1893 年嫁与南浔梅韵笙，几年后夫亡。后专志树人，任南浔浔溪女校校长，1906 年与秋瑾相识，结为姐妹，后加入同盟会，经济上对秋瑾帮助颇多。秋瑾遇害后，徐自华将好友葬于西湖西泠桥畔。1908 年，为纪念先烈，她与陈去病等组织秋社并任社长。辛亥革命后她去上海接办竞雄女校。晚年多病，回杭主持秋社。1935 年卒于秋社。工诗词，著有《听竹楼诗》《忏慧词》等。

满江红·感怀用岳武穆韵[1]

岁月如流，秋又去、壮心未歇。难收拾、这般危局，风潮猛烈。把酒痛谈身后事，举杯试问当头月。奈吴侬身世太悲凉，[2]伤心切。

亡国恨，终常泄；奴隶性，行看灭。叹江山已是，金瓯碎缺。[3]蒿目苍生挥热泪，[4]感怀时事喷心血。愿吾侪炼石效娲皇，[5]补天阙。

——选自郭延礼编《徐自华诗文集》

【注释】

[1]全词用岳飞《满江红》韵。

[2]吴侬：指秋瑾。江浙间称“她”为侬，江浙又属古吴国一带，秋瑾是浙江人，故称。

[3]金瓯：盛酒的器皿，古人常以此喻国土完整。

[4]蒿目：极目远望。《庄子·骈姆》："今世之仁人，蒿目而忧世之患。"

[5]吾侪：我辈。娲皇：女娲。

【赏析】

秋瑾生性豪侠，习文练武，1906 年任教于浔溪女校，期间结识了徐自华。1907 年 2 月，自华、秋瑾泛舟西湖，相约"埋骨西泠"。当年 5 月，秋瑾找徐自华商量筹措军饷，徐自华与其妹慷慨相助，秋瑾十分感激。临行，又以如遭不幸请"埋骨西泠"相托嘱。7 月 15 日，秋瑾从容就义于绍兴，家人不敢前往收尸。噩耗传来，徐自华悲痛欲绝。后徐氏姐妹即冒风雪渡江去绍兴，将停厝在文种山的秋瑾灵柩迁出并护送至杭州，觅地安葬于西泠桥畔。

此词是感怀秋瑾就义而作。上片写秋瑾虽已牺牲，但她的壮心永存，而且还会激起更大的革命风潮，使清政府难以收拾危局。回忆起当初秋瑾曾嘱托自己，一旦她牺牲了，就把她葬于杭州岳飞墓旁。如今风物依旧，伊人却逝，举杯问月，情何以堪？只能痛惜她身世太凄凉。如果说上片主要表达了对好友的悼念之情，那么下片则抒发了继承烈士遗志、效女娲补天的豪情壮志。下片首先以"泄亡国恨，灭奴隶性"来励人励己；接着写国事日非，山河破碎；最后号召大家行动起来，挽国家之倾危，救黎民于水火。此词词情激烈，感人至深，爱国激情力透纸背。故柳亚子曾说徐自华词是："漱玉新词，断肠旧恨，谁辨今和古？"（欧阳叔雯）

黄 兴

黄兴(1874—1916),原名轸,改名兴,字克强。近代民主革命家,中华民国的创建者之一。湖南省长沙府善化县高塘乡(今长沙县黄兴镇凉塘)人。黄兴是辛亥革命时期的先驱和领袖,与孙中山常被时人以"孙黄"并称。著作有《黄克强先生全集》《黄兴集》等。

祭宋教仁文

(一九一三年四月十三日)

惟中华民国二年四月十三日,黄兴等谨以珍蔬玄酒致祭于宋先生遯初之灵曰:

先生非可死之人,今非先生可死之时,私党狙击非死先生之道,而竟车站一瞬遂殂元良乎?自先生之殂,卒卒时日,寰宇不春,薄海群黎,以泪洗面,瞻念国故,涓涓以悲,时复废箸,俯首痛哭入梦者盖二十日于兹矣。彼二三巨恶,自阅新丧,曾未尝不哀辞琅琅以欺国人。先生生而为英,死而为神,朗朗天路,当升而为雷霆,降而为地震以惩警之。独吾生死并命之国人,际此哀典,捧泪一掬,尚为先生所神明眷念凄怆享之者乎?自民国失先生,昔之戚然于边患者,今则撤守受降,回车集中矣;昔之与民同体者,今则鸣珂清跸,[1]深居旧宫矣。呜呼,曾几何时,乃至于此!国人闻之,已对此祸胎怆然泪下。矧一灵未泯,[2]尚记先生临命遗恨之言乎?先生聪明,在天之灵,宜烛其奸。默度先生临此哀典，当必如曩日之晓著朗畅，[3]慨慷诏吾，俾践吾侪与先生十年来平民政治之约，以巩共和。顾自先生之丧，良直君子，捐弃旧恶，以一进行。即令枭恶相济，造作祸难，秉吾忠贞，当可克之。此吾国人藉先生今兹之来享，佐蔬酒以告慰者。嗟呼！诛奸救国，后死之责不胜，则此日挥泪灵前之众，既继先生以死之魂矣。尚飨！[4]

——选自湖南省社会科学院编《黄兴集》

【注释】

[1]鸣珂清跸：鸣珂，指显贵者所乘的马以玉为饰。清跸，谓帝王出行，清除道路禁止行人。意为官居高位。

[2]矧：另外，况且，何况。

[3]曩日：往日，以前。

[4]尚飨：亦作“尚享”。表示希望死者来享用祭品的意思。

【赏析】

1913年3月20日，上海火车站爆发了震惊中外的“宋教仁遇刺案”。当时恰值中华民国国会大选，国民党大获全胜，党员士气高昂，一向主张“内阁制”“民主宪政”的资产阶级革命家宋教仁政治前途如日初生，正欲以党魁身份实行组阁，不料却于上海沪宁火车站被凶手开枪暗杀，不治身亡。其革命挚友黄兴于车站亲眼目睹此殇，悲愤不已，二十日后，撰此文致祭于灵前。

宋教仁与黄兴是民主革命中最佳革命搭档，从1903年缔交至宋遇刺身亡，二人一直以文武双星之姿相互配合、携手奋发，缔造了矢志不渝的深厚友谊。故黄兴于灵前情感显得怒郁交加、心绪复杂。前面先抒“哀”情：自君蒙冤二十余日，自己涓涓以悲，俯首痛哭，“先生非可死之人，今非先生可死之时”，所哀者一则是自己永别至交，另则是革命初见曙光，肝胆相照的同伴却撒手人寰，革命痛失英才。而后笔锋顿转，怒斥了此案的幕后真凶，刀剑之光直指意图总统专制的袁世凯。黄兴曾公开撰写挽联:“前年杀吴禄贞,去年杀张振武,今年又杀宋教仁;你说是应桂馨,他说是洪述祖,我说确是袁世凯!”磊落之声,揭露了袁世凯们的凶恶嘴脸。英才既已逝,活着的战友终要继续革命大业,黄兴一面对昔日同僚纷纷撤守受降、鸣珂清跸、深居旧宫的时局深表担忧。另一方面,亦以殷殷之笔、坚韧之志表达了对共和的希冀,望挚友在天之灵“如日之晓著朗畅,慨慷诏吾”,以践行二人“十年来平民政治之约,以巩共和”。悲痛、忧虑浇铸了更深刻的革命激情,最深沉的纪念是继续同伴的未竟之业。这年夏天,黄兴及其战友们毅然举起了“二次革命”的大旗!(王凡)

秋　瑾

秋瑾(1875—1907),生于福建厦门。原名秋闺瑾,字璇卿,后改名竞雄,又称鉴湖女侠,祖籍浙江山阴(今绍兴市)。民主革命的女英雄,第一批为推翻清朝政权和数千年封建统治而牺牲的革命先驱,中国妇女解放的先行者。1904 年赴日留学,次年加入同盟会,同年归国进行革命活动。1907 年组织光复军,配合徐锡麟起义,起义失败后在绍兴被捕遇害。诗文雄浑健劲,昂扬豪迈,虽男儿犹不及。

鹧鸪天·祖国沉沦感不禁

祖国沉沦感不禁,闲来海外觅知音。
金瓯已缺总须补,[1]为国牺牲敢惜身?
嗟险阻,叹飘零,关山万里作雄行。[2]
休言女子非英物,夜夜龙泉壁上鸣![3]

——选自郭延礼选注《秋瑾诗文选》

【注释】

[1]金瓯已缺:指国土被列强瓜分。《南史·朱异传》:“我国家犹若金瓯,无一伤缺。”

[2]作雄行:指女扮男装,意指赴日留学是为了寻求革命。

[3]龙泉壁上鸣:传说战国时有人盗仙人王子乔墓,唯见一剑挂于壁上,此人想去摘取时,剑忽发出龙鸣虎吼之声,接着就化龙飞上

天去。后人因此常以剑鸣比喻有雄心壮志，将要做一番大事业。

【赏析】

此词作于1904年秋，当是时，中国正于西方列强的铁蹄蹂躏之下沦为半殖民地，民族危亡，封建腐朽，爱国志士们纷纷参加民主革命寻求救国真理，秋瑾亦冲破了封建家庭的牢笼东渡日本。《鹧鸪天》一词，即反映了她此时欲献身报国的慷慨壮志。

词的上阕，一言自己负笈东渡、留学日本的原由，二抒对祖国深沉的忧虑之心与热切的报国之情。起首二句，开宗明义，家园沉沦、政府黑暗，吾辈睹不胜悲，只身一人漂洋过海来寻觅革命道路与战友知音。“金瓯”二句，化用《南史·朱异传》载“我国家犹若金瓯，无一伤缺”的典故。金瓯，原指器皿，后来比喻国家领土的完整，用于此，意指目睹中华大地被帝国主义瓜分、凌辱，胸中积愤难忍，才誓为挽救民族危亡而准备抛头颅洒热血。下半阕五句，“嗟险阻，叹飘零”，叹背井离乡的不易与漂泊海外的痛苦，而“休言女子非英物，夜夜龙泉壁上鸣”则为全词的诗眼，自己虽为一介柔弱女子，但也准备秉爽朗豪情与济世之志，如英迈丈夫一样，投身革命之海，不惜此身，去做一番挽国家民族于危亡的伟大事业。英物即英俊的人物，在封建时代是专门对男子的誉称；“龙泉壁上鸣”化用“龙泉”之典，意在劝告世上庸俗之辈，不要蔑视妇女，闺中女子只要敢于踏出闺门，也能如男子般拔剑起舞、奋勇杀敌；其发出的豪迈之声，也会如龙泉之剑般铮铮作响，作者在此是自勉，亦是怀着热切的希冀与当时天下的女子们一起豪情共勉。（王凡）

黄海舟中日人索句并见日俄战争地图

万里乘风去复来，[1]只身东海挟春雷。[2]
忍看图画移颜色？肯使江山付劫灰！
浊酒不销忧国泪，救时应仗出群才。[3]
拚将十万头颅血，须把乾坤力挽回。

——选自郭延礼选注《秋瑾诗文选》

【注释】

[1]乘风：即乘风而行的意思。此句用列子乘风的典故，兼用宗悫"愿乘长风破万里浪"的典故（见《宋史·宗悫传》）。

[2]挟春雷：喻为使祖国获得新生而奔走。春雷：借指启聩振聋的革命道理。

[3]出群才：指杰出的人才，出类拔萃的人物。出群，犹超群。

【赏析】

1905年，日俄战争在中国东北爆发，清政府软弱无能，竟宣布将辽河以东划为交战区，使东北三省人民陷入生灵涂炭的境地。秋瑾正值回国探亲后再度赴日，于轮船之上目睹日俄战争地图，怒火中烧，凭海临风，挥毫写下了此诗。

首联以奔放激昂的言辞开篇。万里海域，可谓遥矣；单身女子，可谓弱矣。然而，为救国家人民于危亡，自己愿以"挟春雷"的女侠之姿，万里乘风，漂洋过海，去探求救国救民的真谛。颔联落笔于严酷的现实，山河凋零，天地变色，大好神州即将毁于劫火，沦为列强的势力范围。忍看：不忍看；肯使：岂肯使，面对日俄为了各自利益在我国发动战争，腐败透顶的清政府保持所谓中立，老百姓田园荒芜，万户凋零，作者对此表达了无比的愤怒与跃跃欲试的战斗情怀。次联，诗人并没有陷入感慨牢骚中不可自拔，而是面对现实积极思索，对时局作出了清醒理智的判断：浊酒千杯也只是借酒浇愁，要改变国家民族衰败的现状，只有寄希望大批出类拔萃的英才挺身而出，救时济世。这英才既是指自己，也更希望是觉醒的同胞。结句为掷地有声的誓言：吾与吾辈们都是有血性的志士，生命不足惜，宁可粉身碎骨，也定要与列强决一死战，使世界重新改变。隐约透露出作者暴力反抗的革命主张。两年后，秋瑾即回国参加了徐锡麟组织的皖浙起义，失败后，于绍兴轩亭口刑场，目别蓝天，从容就义。（王凡）

敬告中国二万万女同胞

唉！世界上最不平的事，就是我们二万万女同胞了。从小生下来，遇着好老子，还说得过；遇着脾气杂冒、[1]不讲情理的，满嘴连说："晦气，又是一个没用的。"恨不得拿起来摔死。总抱着"将来是别人家的人"这句话，冷一眼、白一眼地看待；没到几岁，也不问好歹，就把一双雪白粉嫩的天足脚，用白布缠着，连睡觉的时候，也不许放松一点，到了后来肉也烂尽了，骨也折断了，不过讨亲戚、朋友、邻居们一声"某人家姑娘脚小"罢了。这还不说，到了择亲的时光，只凭着两个不要脸媒人的话，只要男家有钱有势，不问身家清白，男人的性情好坏、学问高低，就不知不觉应了。到了过门的时候，用一顶红红绿绿的花轿，坐在里面，连气也不能出。到了那边，要是遇着男人虽不怎么样，却还安分，这就算前生有福今生受了。遇着不好的，总不是说"前生作了孽"，就是说"运气不好"。要是说一二句抱怨的话，或是劝了男人几句，反了腔，就打骂俱下，别人听见还要说："不贤慧，不晓得妇道呢！"诸位听听，这不是有冤没处诉么？还有一桩不公的事：男子死了，女子就要带三年孝，不许二嫁。女子死了，男人只带几根蓝辫线，有嫌难看的，连带也不带；人死还没三天，就出去偷鸡摸狗；七还未尽，[2]新娘子早已进门了。上天生人，男女原没有分别。试问天下没有女人，就生出这些人来么？为甚么这样不公道呢？那些男子，天天说“心是公的，待人是要和平的”，又为甚么把女子当作非洲的□□一样看待，不公不平，直到这步田地呢？

诸位，你要知道天下事靠人是不行的，总要求己为是，当初那些腐儒说甚么“男尊女卑”“女子无才便是德”“夫为妻纲”这些胡说，我们女子要是有志气的，就应当号召同志与他反对。陈后主兴了这缠足的例子，我们要是有羞耻的，就应当兴师问罪。即不然，难道他捆着我的腿？我不会不缠的么？男子怕我们有知识、有学问、爬上他们的头，不准我们求学，我们难道不会和他分辨，就应了么？这总是我们女子自己放弃责任，样样事体一见男子做了，自己就乐得偷懒，图安乐。男子说我没用，我就没用；说我不行，只要保着眼前舒服，就作奴隶也不问了。自己又看看无功受禄，恐怕行不长久，一听见男子喜欢脚小，就急急忙忙把他缠了，使男子看见喜欢，庶可以藉此吃白饭。至于不叫我们读书、习字，这更是求之不得的，有甚么不赞成呢？诸位想想，天下有享现成福的么？自然是有学问、有见识、出力作事的男人得了权利，我们作他的奴隶了。既作了他的奴隶，怎么不压制呢？自作自受，又怎么怨得人呢？这些事情，提起来，我也觉得难过。诸位想想总是个中人，[3]亦不必用我细说。

但是从此以后，我还望我们姐妹们，把从前事情，一概搁开，把以後事情，尽力作去，譬如从前死了，现在又转世为人了。老的呢，不要说“老而无用”，遇见丈夫好的要开学堂，不要阻他；儿子好的，要出洋留学，不要阻他。中年作媳妇的，总不要拖着丈夫的腿，使他气短志颓，功不成、名不就；生了儿子，就要送他进学堂，女儿也是如此，千万不要替他缠足。幼年姑娘的呢，若能够进学堂更好；就不进学堂，在家里也要常看书、习字。有钱作官的呢，就要劝丈夫开学堂、兴工厂，作那些与百姓有益的事情。无钱的呢，就要帮着丈夫苦作，不要偷懒吃闲饭。这就是我的望头了。诸位晓得国是要亡的了，男人自己也不保，我们还想靠他么？我们自己要不振作，到国亡的时候，那就迟了。诸位！诸位！须不可打断我的念头才好呢！

——选自秋瑾著《秋瑾集》

【注释】

[1]杂冒：脾气暴躁。

[2]“七还未尽”句：中国人的丧殡习俗，习惯上认为“头七”指的是人去世后的第七日。

[3]个中人：是指亲历其境或深明其中情理的人。典见苏轼《李颀秀才善画山，以两轴见寄，仍有诗，次韵答之》：“平生自是个中人，欲向渔舟便写真。诗句对君难出手，云泉劝我早抽身。”

【赏析】

作为中国近代妇女运动的先行者，秋瑾短暂的一生都在为妇女解放奔走呼号。1905 年赴日留学期间，在东京参与创办了《白话》月刊，并于第二期发表了《敬告二万万女同胞》文章，与回国后创办的《中国女报》上发表的《中国女报发刊词》《敬告姊妹们》等系列文章前后呼应，向世人展示了其一直秉承的革命理念：革命当自家庭始，所谓男女平权是也！

不同于其诗词作品的文采飞扬，此文文字通俗、语气如姐妹一群，聚集一室，家长里短，苦口婆心。文章有感于中国女性的风气闭塞、知识浅陋，先以怜悯之笔历数了几千年来中国妇女于封建制度下的悲惨境地，总结出造成中国妇女如此奴隶般境遇的重要原因是：中国女性自身碌碌无为、苟且偷生、依靠他人、妥于奴隶地位而不思自救的人生态度。皆因女子不读书、不出外阅历、不出头做事，只晓得死守闺门，自动放弃了自己应有的权益，才造就了男尊女卑的现实局面。要改变这一状况，获得解救，首先必得“求己为是”，即女性要勇于去除“夫为妻纲”的观念束缚，不必“事事仰给男子”，树立自立自强的人生信条。而欲“自立”，则需“有知识，有学问”，途径是接受教育，掌握了知识、文化，才能在经济和人格上获得独立。她向女同胞提出警告：“诸位晓得国是要亡的了，男人自己也不保，我们还靠他么？我们自己不振作，到国亡的时候，那就迟了”，不仅对天下女子动之以情、晓之以理，更远见卓识，把妇女的命运与国家、民族的命运紧紧相连，表明了自己的明确主张：必须通过革命斗争，推倒封建制度和封建伦理，妇女才能获得解放！（王凡）

何叔衡

何叔衡（1876—1935），字玉衡，号琥璜，湖南宁乡人。1918至1920年，与毛泽东等发起组织新民学会、俄罗斯研究会，并建立长沙的共产党早期组织。1921年7月出席中共第一次全国代表大会，会后任中共湘区委员会委员。1928年6月赴苏联出席中共六大。1930年7月回国后，在上海负责全国互济会工作，组织营救被捕同志，将暴露身份的同志转往苏区。1931年11月，奉命进入中央革命根据地，当选为中华苏维埃共和国中央执行委员会委员，任临时中央政府工农检察人民委员、内务人民委员、临时最高法庭主席等职。中央红军主力长征后，留在中央革命根据地坚持游击战争。1935年2月24日，从江西转移福建途中，在长汀突围战斗时壮烈牺牲。

诗一首

（一九二八年）

身上征衣杂酒痕，远游无处不销魂。
此生合是忘家客，风雨登轮出国门。

——选自萧三主编《革命烈士诗抄》

【赏析】

1927年，蒋介石发动了“四·一二”反革命政变，许多共产党员惨遭杀戮，党的组织受到很大破坏，一时间白色恐怖笼罩着整个中国。1928年何叔衡受党的委派赴苏联莫斯科中山大学学习，途经哈尔滨，出国前夕化用南宋爱国诗人陆游的《剑门道中遇微雨》而作此诗，充分表达了他在大革命失败后对党对共产主义事业的忧虑与忠诚，和以革命事业为重，置个人生死于不顾的高尚情怀。诗的首句勾勒出一个义无反顾、坚持革命的征战者形象；第二句写出了何叔衡即将远赴异国，却对祖国无时无事不牵肠挂肚的革命情怀。“此生合是忘家客”写出了作者对革命信仰之执著，革命情操之高尚，革命意志之坚定，他的铮铮誓言令人肃然起敬。末句“风雨登轮出国门”写出了在蒋介石背叛革命后的血雨腥风中，为了祖国的前途和命运，为了心中的理想和追求，义无反顾地背井离乡，奔赴远方。至此，首句中身着征衣的革命者形象在这里再次鲜明地矗立在我们面前，此时此刻显得更加高大。何叔衡穷尽一生追求真理，实践正义，用自己无悔的行为实践了“我要为苏维埃流尽最后一滴血”的豪迈誓言。在他的革命生涯中，创下了中国共产党历史上的几个之最：中共一大中最年长的参会者，红色政权最先任“大法官”的革命者，中共一大代表中最早牺牲的革命烈士。他坚定不移的信仰，救国救民的抱负，英勇无畏的精神，赤胆忠心的品德，求真务实的作风彪炳史册，永远激励着我们奋勇向前。（金敏）

徐特立

徐特立(1877—1968),原名徐懋恂,又名徐立华,字师陶,湖南善化人,无产阶级革命家和教育家。毛泽东的老师和战友。曾兴办私学,先后创办长沙师范学校、长沙女子师范学校等并兼任校长。1927年加入中国共产党,积极投身革命。新中国成立后,历任中共中央宣传部副部长,中央人民政府委员,全国人大常委会委员,中共第七、八届中央委员等职。著有《徐特立教育文集》和《徐特立文集》。

赴柳店子视续老范亭[1](二首选其一)

百年多难国,于今难更深。
谁与共袍泽,[2]硕果忆同盟。[3]
卧榻闻鼙鼓,[4]昂头听捷音。[5]
咸榆凭驿使,[6]寄语告知心。

——选自马连儒编著《中共“五老”诗词鉴赏》

【注释】

[1]柳店子:此地在延安。续范亭在此处养病。

[2]共袍泽:袍,长衣;泽,汗衫。共袍泽即共同战斗之意。

[3]同盟:即孙中山领导组织的同盟会。

[4]鼙鼓:古代的军用小鼓。

[5]捷音:捷报,好的消息。

[6]咸榆：陕西的咸阳、榆林，此处指从咸阳到榆林的道路。驿使，古时传送文书信件的人，此处指通信员。

【赏析】

1941年，徐特立远赴延安柳店子去探望著名的爱国将领续范亭，写下了五律诗作《赴柳店子视续老范亭》，原诗有两首，这是其一。这首诗从中国近百年来的屈辱史写起，首联感叹国家遭受侵略、人民遭受苦难，表达了诗人欲哭无泪、痛心疾首的悲愤心情。“于今难更深”写的是当时日军大举侵华，中华民族到了生死存亡的时刻，诗人的内心更加忧愤难息。诗人去探望病中老友，也是因为胸臆难平。颔联以“袍泽”来比喻自己与老友相濡以沫的深厚情谊。一个是无产阶级革命战士，一个是中山先生的忠实追随者，两位老友在革命圣地延安相见了。诗人回忆起与续范亭共赴国难，相互鼓舞，为挽救民族危亡而共同战斗的经历；想起多灾多难的国家，忆起浴血奋战的战斗场景，二人心中不免万分感慨。颈联用“渔阳鼙鼓动地来”的“鼙鼓”之声来比喻日军铁蹄入侵。诗人深感革命任重而道远，但心中自有信心，要“昂头听捷音”，相信捷报终会传来，抗战终会胜利。尾联化用陆凯《赠范晔》中的“折梅逢驿使，寄语陇头人”，不仅和原诗一样，于简朴中道出真挚友情，于平淡中显出高雅意境，而且将对友人、对国家的美好祝愿也寄予其中。诗人用典蕴藉深厚，充分表达了主题意旨，充分抒写了诗人与续范亭之间真挚的情义和崇高的爱国主义情怀。（别蓉）

何香凝

何香凝(1878—1972),广东南海人。中国民主革命时期著名的革命家,国民党左派领袖廖仲恺夫人。新中国成立后,历任全国人大常委会副委员长、全国政协副主席、中国美术家协会主席等职。她能诗善画,著有《何香凝诗画集》。

悼仲恺[1]

辗转兰床独抱衾,[2]起来重读柏舟吟。[3]
月明霜冷人何处,影薄灯残夜自深。
入梦相逢知不易,反魄无术恨难禁。
哀思唯奋酬君志,报国何时尽此心。

——选自《现代名家诗词选注》

【注释】

[1]仲恺:国民党左派领袖、伟大的爱国主义者、中国民主革命的先驱、中国共产党的挚友廖仲恺,1925 年 8 月在广州被国民党右派暗杀。

[2]兰床:古代妇女卧榻的雅称。衾:被褥。

[3]柏舟:《诗经·鄘风·柏舟》:"泛彼柏舟,在彼中河,髧彼两髦,实维我仪,之死矢靡他。"意思是说,在河中泛舟的那位美男子,是我心仪的爱人,我誓死绝不背叛他。

【赏析】

1925年8月，国民党元老、左派领袖廖仲恺在广州被国民党右派暗杀。身为夫人与同志的何香凝悲恸万分，同年10月写下此诗。首联“辗转兰床独抱衾，起来重读柏舟吟”，写丈夫遇害后，每晚孤卧兰床，独抱衾枕，辗转反侧，夜不能寐，只好起来反复吟诵《诗经》中描写丧夫之痛的《柏舟》。诗人以一连串的典型动作形象地描绘出丈夫被暗杀后，自己内心的极度悲愤、孤独和对其刻骨铭心的思念之苦，并以“重读《柏舟》”向逝去的丈夫与活着的同志表明自己绝不背叛丈夫和其信仰的决心。颔联“月明霜冷人何处，影薄灯残夜自深”，用明月、冷霜、薄影、残灯一组生动的意象表现当时所处的阴冷、黑暗、令人窒息的时代环境与氛围，从而烘托出自己在漫漫长夜里孤独、郁闷、悲愤、思念交织的复杂心情。颈联“入梦相逢知不易，反魄无术恨难禁”，进一步表达自己对丈夫的无尽思念与追忆，以及对国民党右派卑鄙无耻行径的抨击与痛恨。尾联“哀思唯奋酬君志，报国何时尽此心”，写诗人深知，要化对丈夫的哀思为动力，唯一的办法就是只有在悲痛中奋起，继续抗争，用矢志不渝报效祖国的实际行动去实现他追随孙中山“振兴中华”的遗愿。

本诗细节真实，意象丰沛，字里行间浸透了真挚深厚的夫妻之情、战友之情、同志之情，折射出崇高坚定的浩然之气、光明之气、民族之气。集中体现了中国旧民主主义革命时期仁人志士执着信仰、坚毅追梦的家国情怀。（熊德彪）

勇哉好男儿

勇哉好男儿！不怕沙场死。
忍痛与吞声，为图雪国耻。
民族不独立，流血不休止。
眼看国将亡，抚创痛洒泪。
伤好去冲锋，夺回我失地。
与其忍辱生，毋宁报国死。

——选自《大中国周报》

【赏析】

1931年9月18日一声枪响，日本侵略者的铁蹄开始践踏我国神圣的领土，蒋介石提出“攘外必先安内”的口号，国民党军不事抵抗，节节败退，致使日寇很快占领了东北三省。九一八事变后不久，中共中央发表了《中国共产党为日本帝国主义强暴占领东三省事件宣言》，得到了全国军民和各界人士的热烈响应。1932年1月28日，日本侵略军进攻上海，沪上军民英勇抵抗。何香凝一方面与宋庆龄等创办了伤兵医院，并筹款组织义勇军救护队，开赴东北抗日前线；另一方面写了许多诗篇慰问受伤将士，勉励他们养好伤后重返前线，与日寇浴血奋战。《勇哉好男儿》就是其中的一首。该诗一开始就用高亢的音调，豪迈的气势赞美“为图雪国耻”，“不怕沙场死”的抗日将士是“勇哉好男儿”！紧接着以切肤之痛的诗句告诉大家，外族入侵，国家将亡，如果我们不奋力抵抗，赶走侵略者，中华民族就不会独立自由，流血事件也将永无休止。最后诗人勉励受伤将士“伤好去冲锋，夺回我失地”，为了挽救民族危亡，与其忍辱偷生，不如以死报国。该诗语言通俗易懂，明白晓畅，感情真挚朴素，激越飞扬，彰显了中华民族的凛然正气和铮铮铁骨。（熊德彪）

吴玉章

吴玉章(1878—1966),原名永珊,字树人,四川荣县人。早年留学日本,接受民主思想。1906 年加入同盟会,参加广州起义和辛亥革命。后随孙中山到南京,担任参议院议员和大总统秘书。1925 年加入中国共产党,1927 年参加南昌起义。1928 年至 1938 年,先后被派往苏联、法国和西欧工作。1938 年回国后到延安,历任延安鲁迅艺术学院院长,延安大学校长,边区政府文化委员会主任等职。1945 年参加"七大",当选中央委员。1948 年后,历任华北大学校长、中国人民大学校长、中央社会主义学院院长、全国人大常务委员会委员等职。兼任国务院文字改革委员会主任、全国教育工会主席、中国自然科学普及协会主席等职。

自题相片诗

(1904 年)

中原王气久消磨,[1]四面军歌逼楚歌。[2]
仗剑纵横摧虏骑,[3]不教荆棘没铜驼。[4]

——选自秦建华主编《老一辈革命家诗词鉴赏辞典》

【注释】

[1]中原:原指中国中部地区,此处指代整个中国。鲁迅 1932 年 1 月作《无题》诗,起句为"血沃中原肥劲草"。王气久消磨:王气,指

王者之气，借指国势。古代有望气而推断人之祸福、国之兴衰的，国势衰颓，王气便显得无生机。

[2]四面楚歌：《史记·项羽本纪》记项羽被汉军围困垓下，“夜闻汉军四面皆楚歌”。此处喻指中国国势衰弱，被帝国主义四面包围，已处在危亡关头。

[3]仗剑：仗：凭借。仗剑，凭借学习到的军事本领。纵横摧虏骑：扫荡一切异族侵略者。

[4]荆棘：丛生有刺的灌木。铜驼：晋代以铜制骆驼做宫门外的装饰。《邺中记》记载：二铜驼如马形，装饰在洛阳宫西门外。《晋书·索靖传》：“（索）靖有先识远量，知天下将乱，指洛阳宫门铜驼叹曰：‘会（当）见汝在荆棘中耳！’”荆棘埋没了铜驼，喻指都城沦陷，国家灭亡。

【赏析】

1903年，吴玉章随其二哥与另几位同龄人怀着“救国图强一片心”“不辞艰险出夔门”（《东游述志》）的志向，别妻弃雏到日本留学，积极参加当时留日学生抗击沙皇俄国对中国东北领土侵占的“拒俄运动”。作为一名激情满怀的爱国青年，他在积极进行军事训练时，写下这首抒情述志诗。共同的使命感曾经使中国的革命先辈们不期而然地选择了相近的生活道路，产生了一致的思想心态。在吴老写这首诗之前鲁迅也写了一首题在剪辫子后特地拍摄的一张照片上的《自题小像》诗：“灵台无计逃神矢，风雨如磐暗故园。寄意寒星荃不察，我以我血荐轩辕。”因此，不难看出，对祖国危亡的忧心忡忡，但又不示弱不气馁，四处寻觅救国之道，时刻准备为祖国出力献身，是先辈爱国者的共有思想、共同心态。因此，吴老这首七言诗所表现的鲜明爱国思想，是属于他个人的，也是属于一代人的——一代人为国势日衰的如焚忧心，一代人的现代国家民族意识的觉醒，一代人可钦可敬的英才豪气、鹏程大志和奉献精神。可以说，这首诗最撼人心魄的地方就是这样一个具有时代意义的巨大主题。诗是诗人自己独特心灵感受的语言符号化，只有在巨大的时代主题、意识到的历史内容和诗人的真情实感达到水乳交融的境界，才能真正感人，这首诗具备了这一特点，这是它感人的重要原因。这首诗用典形象、贴切，特别选用“四面楚歌”这样通俗化了的典故来比喻国势危亡，更易被人理解接受，从而增加了诗作的表现力和感染力。(张祥平)

李叔同

李叔同(1880—1942),名凡,号息霜,祖籍浙江平湖,出生于天津一个商宦家庭。李叔同是著名音乐教育家、美术教育家、书法家、戏剧活动家,是中国话剧的开拓者之一。1905年东渡日本留学,次年于东京组织了我国第一个话剧团体——春柳社。1911年学成归国后,担任过教师、编辑之职。1918年,在杭州虎跑寺剃度为僧,法名"演音",号"弘一"。此后潜心钻研佛学。1942年10月13日在福建泉州开元寺圆寂。音乐作品《送别》《南京大学校歌》《三宝歌》等被后人广为传颂。

金缕曲·东渡留别祖国

披发佯狂走。[1]莽天涯,[2]暮鸦啼彻,几株衰柳。破碎河山谁收拾?[3]零落西风依旧,[4]便惹得、离人消瘦。行矣临流重太息,[5]说相思、刻骨双红豆。愁黯黯,[6]浓于酒。

漾情不断淞波溜。[7]恨年年、絮飘萍泊,遮难回首。[8]二十文章惊海内,[9]毕竟空谈何有?听匣底、苍龙狂吼。[10]长夜凄风眠不得,度群生、哪惜心肝剖![11]是祖国,忍孤负![12]

——选自于在春选注《清词百首》

【注释】

[1]披发佯狂:《史记·宋微子世家》记载,商纣王暴虐无道,箕子

披发佯狂为奴。

[2]莽天涯：茫茫大地。

[3]破碎山河谁收拾：化用岳飞《满江红》词“待从头，收拾旧山河，朝天阙”。

[4]零落西风：化用马致远《天净沙·秋思》名句“古道西风瘦马”。

[5]临流：《史记·孔子世家》记载了一则有关孔子的故事：孔子打算西游去见赵简子。到了黄河边，听到曾对赵简子有恩的窦鸣犊、舜华被杀的消息，于是决定回返。因为君子忌讳伤害同类。那些鸟兽对于不义的行为尚且知道避开，何况是孔丘呢！这个典故指君子伤其同类而避走他乡。《论语·子罕》篇记载孔子在水边说：“逝者如斯夫！不舍昼夜。”这里是在感叹时光的流逝。重太息：一次次地叹息。

[6]黯黯：深重。

[7]淞波溜：淞即淞江，通称“吴淞江”，亦称“苏州河”。淞波溜，微波起伏的淞江水在流淌。这句是说自己的离情像吴淞江水一样绵绵不断。

[8]遮：这。

[9]二十：二十岁。

[10]听匣底、苍龙狂吼：古人认为宝剑和龙有关。《拾遗记》里有“未用之时，常于匣里如龙虎之吟”句，这里比喻作者有报国的雄心壮志，但却无处施展。

[11]心肝剖：用“比干剖心”之典，这里是说为救国救民，甘愿牺牲。

[12]孤负：辜负。

【赏析】

1905年秋天，作者离开上海，自费赴日留学。此词当作于赴日临行之际。词的上片主要在叙事、写景中抒发浓烈的爱国情思和依依惜别的不舍之情。“披发佯狂走”引用了《史记·宋微子世家》中的典故——由于纣王荒淫无度，箕子进谏，纣王仍不听。有人说：“可以离开了。”箕子说：“作人臣的向君主进谏，君主置之不理，便离他而去，这是张扬君主的恶行，哗众取宠于百姓，我不忍心这样做。”于是箕子披头散发、假装疯癫做了奴隶。这个典故用在词的开头，活画出一个爱国者的奇特形象：为了祖国，可以不顾一切。接着作者在写景中连续化用几个典故，借衰败、萧瑟的秋景抒发了告别祖国的离情别绪和对生命的忧思。这份浓郁的爱国情化成寄寓相思的红豆，化成离人眼中的血泪。这离情啊，深重到酒也无法化开，像吴淞江水一样绵绵不断。词的下片紧承上片，由江水自然过渡到对自己过往生活的回忆中。说自己常在上海与其他地方间来来往往，仿佛飘絮浮萍，没有安定感。自己虽经纶满腹、才华横溢，但至今未有建树。接着作者以“苍龙鸣匣底”感叹空怀抱负，壮志难酬；又以“比干剖心”表白自己为了祖国，甘愿牺牲，至死也不愿辜负祖国。作者把个人失意置之脑后，只心怀天下兴亡。此种胸襟，非常人能及。至此，悲壮激越之情抒发得淋漓尽致。（欧阳叔雯）

鲁　迅

鲁迅(1881—1936),原名周樟寿,后改名周树人,字豫山,后改豫才,“鲁迅”是他1918年发表《狂人日记》时所用的笔名,也是他影响最为广泛的笔名,浙江绍兴人。著名文学家、思想家,五四新文化运动的旗手,中国现代文学的奠基人。毛泽东曾评价:“鲁迅的方向,就是中华民族新文化的方向。”鲁迅一生在文学创作、文学批评、思想研究、文学史研究、翻译、美术理论引进、基础科学介绍和古籍校勘与研究等多个领域具有重大贡献,并且对于五四运动以后的中国社会思想文化发展具有深远影响。1930年起,鲁迅先后参加中国自由运动大同盟、中国左翼作家联盟和中国民权保障同盟等进步组织,不顾国民党政府的种种迫害,积极参加革命文艺运动。1936年初,左联解散后,积极参加文学界和文化界的抗日民族统一战线。1936年10月19日病逝于上海。是我国文化战线上的一面光辉的旗帜。现有《鲁迅全集》二十卷传世。

自　嘲

运交华盖[1]欲何求?未敢翻身已碰头。
破帽[2]遮颜过闹市,漏船载酒泛中流。[3]
横眉冷对千夫指,俯首甘为孺子牛。[4]
躲进小楼成一统,管他冬夏与春秋。

——选自《鲁迅全集》(七)

【注释】

[1]华盖:鲁迅《华盖集·题记》:“我平生没有学过算命,不过听老年人说,人是有时要交‘华盖运’的。……这运,在和尚是好运:顶有华盖,自然是成佛作祖之兆。但俗人可不行,华盖在上,就要给罩住了,只好碰钉子。”华盖,像花那样盖在头上的运气。这里指霉运。

[2]破帽:原作“旧帽”。

[3]漏船载酒:用《晋书·毕卓传》中的典故:“得酒满数百斛……浮酒船中,便足了一生矣。”漏船:原作“破船”。中流:河中。

[4]千夫指:《汉书·王嘉传》:“里谚曰:‘千人所指,无病而死。’”孺子牛:《左传·哀公六年》:“鲍子曰:‘汝忘君之为孺子牛而折其齿乎?而背之也!’”这里的“孺子”指春秋时齐景公的幼子荼。齐景公非常疼爱他这个儿子,一次自己装作牛,口里衔着绳子,让儿子骑着玩。小孩子不慎跌倒,扯掉了景公的牙齿。这里比喻为人民大众服务,意思是说鲁迅把希望寄托在小孩子身上,小孩子就是未来的希望。

【赏析】

此诗作于 1932 年 10 月,是一首人们熟知并传诵的名诗。这时,左联已成立两年,左联柔石、殷夫、胡也频等五烈士已牺牲一年多,而距离鲁迅逝世只有四年,在掌握了马克思主义以后,鲁迅不仅用它来抨击、揭露形形色色的反动派及假马克思主义者,而且用它来解剖自己。“我的确时时解剖别人,然而更多的是更无情地解剖我自己。”《自嘲》正是一篇用马克思主义辩证法对自己过去人生观、战斗姿态的自我解剖。

1930 年 3 月,国民党浙江省党部诬蔑鲁迅为“堕落文人”,呈请反动当局秘密通缉,面对当时国民党统治者查禁进步书报、颁布反动的《出版法》的文化高压政策和国民党文化势力的围攻,鲁迅在首联中先说自己"运交华盖"，反话正说，让我们得以领略其特有的犀利、辛辣的幽默风格，再以"未敢翻身已碰头"道出现实处境的艰险，指出反动势力的迫害已到了让其难以动弹的地步。颔联中"闹市"和"中流"都象征着当时黑暗的势力以及它们给无产阶级革命者和进步人士设置的重重障碍。作者寓庄于谐，巧妙运用"过"和"泛"两字，反衬出革命战士乐观战斗的精神。颈联是全诗的灵魂，毛泽东同志在《在延安文艺座谈会上的讲话》中说："鲁迅的两句诗：'横眉冷对千夫指，俯首甘为孺子牛'，应该成为我们的座右铭。'千夫'在这里就是说敌人，对于无论什么凶恶的敌人我们决不屈服。'孺子'在这里就是说无产阶级人民大众。一切共产党员，一切革命家，一切革命文艺工作者，都应该学习鲁迅的榜样，做无产阶级和人民大众的'牛'，鞠躬尽瘁，死而后已。"极其精当地阐述了诗中这一联的意蕴，也画龙点睛地揭示了全诗的主题，对于我们正确深刻地理解鲁迅诗中表达的对人民无限的爱和对敌人无比憎恨的情感。尾联中"躲进小楼"是"自嘲"，但又不限于自嘲。当时反动派丢掉东北大片土地，在 1932 年"一·二八"事变时，国民党政府躲避敌人威胁，迁都洛阳，一直到这年 12 月才迁回南京。所以此联也是讽刺国民政府只知躲避，不管祖国已经陷在怎样危亡的境地里。这两句借"自嘲"来猛烈攻击敌人，是刺中敌人要害的一击，跟"横眉冷对"一联作了有力的配合。作者同时也表达了任凭外界政治气候如何变化，却依然故我的信心和决心，是其坚持革命立场、始终战斗在反文化"围剿"的最前列的战斗精神的真实抒写。（莫莉　吴正平）

呐喊·自序

我在年青时候也曾经做过许多梦，后来大半忘却了，但自己也并不以为可惜。所谓回忆者，虽说可以使人欢欣，有时也不免使人寂寞，使精神的丝缕还牵着已逝的寂寞的时光，又有什么意味呢，而我偏苦于不能全忘却，这不能全忘的一部分，到现在便成了《呐喊》的来由。

……

因为这些幼稚的知识，后来便使我的学籍列在日本一个乡间的医学专门学校里了。我的梦很美满，预备卒业回来，救治像我父亲似的被误的病人的疾苦，战争时候便去当军医，一面又促进了国人对于维新的信仰。我已不知道教授微生物学的方法，现在又有了怎样的进步了，总之那时是用了电影，来显示微生物的形状的，因此有时讲义的一段落已完，而时间还没有到，教师便映些风景或时事的画片给学生看，以用去这多余的光阴。其时正当日俄战争的时候，关于战事的画片自然也就比较的多了，我在这一个讲堂中，便须常常随喜我那同学们的拍手和喝彩。有一回，我竟在画片上忽然会见我久违的许多中国人了，一个绑在中间，许多站在左右，一样是强壮的体格，而显出麻木的神情。据解说，则绑着的是替俄国做了军事上的侦探，正要被日军砍下头颅来示众，而围着的便是来赏鉴这示众的盛举的人们。

这一学年没有完毕，我已经到了东京了，因为从那一回以后，我便觉得医学并非一件紧要事，凡是愚弱的国民，即使体格如何健全，如何茁壮，也只能做毫无意义的示众的材料和看客，病死多少是不必以为不幸的。所以我们的第一要著，是在改变他们的精神，而善于改变精神的是，我那时以为当然要推文艺，于是想提倡文艺运动了。在东京的留学生很有学法政理化以至警察工业的，但没有人治文学和美术；可是在冷淡的空气中，也幸而寻到几个同志了，此外又邀集了必须的几个人，商量之后，第一步当然是出杂志，名目是取“新的生命”的意思，因为我们那时大抵带些复古的倾向，所以只谓之《新生》。

《新生》的出版之期接近了，但最先就隐去了若干担当文字的人，接着又逃走了资本，结果中剩下不名一钱的三个人。创始时候既已背时，失败时候当然无可告语，而其后却连这三个人也都为各自的运命所驱策，不能在一处纵谈将来的好梦了，这就是我们的并未产生的《新生》的结局。

我感到未尝经验的无聊，是自此以后的事。我当初是不知其所以然的；后来想，凡有一人的主张，得了赞和，是促其前进的，得了反对，是促其奋斗的，独有叫喊于生人中，而生人并无反应，既非赞同，也无反对，如置身毫无边际的荒原，无可措手的了，这是怎样的悲哀啊，我于是以我所感到者为寂寞。

这寂寞又一天一天的长大起来，如大毒蛇，缠住了我的灵魂了。

然而我虽然自有无端的悲哀，却也并不愤懑，因为这经验使我反省，看见自己了：就是我决不是一个振臂一呼应者云集的英雄。

只是我自己的寂寞是不可不驱除的，因为这于我太痛苦。我于是用了种种法，来麻醉自己的灵魂，使我沉入于国民中，使我回到古代去，后来也亲历或旁观过几样更寂寞更悲哀的事，都为我所不愿追怀，甘心使他们和我的脑一同消灭在泥土里的，但我的麻醉法却也似乎已经奏了功，再没有青年时候的慷慨激昂的意思了。

……

在我自己，本以为现在是已经并非一个切迫而不能已于言的人了，但或者也还未能忘怀于当日自己的寂寞的悲哀罢，所以有时候仍不免呐喊几声，聊以慰藉那在寂寞里奔驰的猛士，使他不惮于前驱。至于我的喊声是勇猛或是悲哀，是可憎或是可笑，那倒是不暇顾及的；但既然是呐喊，则当然须听将令的了，所以我往往不恤用了曲笔，在《药》的瑜儿的坟上平空添上一个花环，在《明天》里也不叙单四嫂子竟没有做到看见儿子的梦，因为那时的主将是不主张消极的。至于自己，却也并不愿将自以为苦的寂寞，再来传染给也如我那年青时候似的正做着好梦的青年。

……

——节选自《鲁迅全集》

【赏析】

《呐喊》是鲁迅的第一本短篇小说集，作品真实地描绘了从辛亥革命到五四运动时期的社会生活，揭示了深层的社会矛盾和国民劣根性，表现了对民族生存的忧患意识以及改变现状的强烈愿望。《呐喊·自序》原刊于 1923 年 8 月 21 日《晨报·文学旬刊》，鲁迅在这篇序文中说明了《呐喊》的写作缘由。

深处国家危亡时刻，因父亲亡故，家中陷入困顿，他希望在日本能学到精益的医术拯救像父亲一样孱弱体格的同胞，却未曾想到在一次偶然的观影中，影片中国人以一副副麻木神情面对自己被绑起来受刑的同胞，使他猛然地意识到中国人缺少的并不是强健的体格，而是精神，是民族骨气，而改变的方式首推文艺。作者希望通过文艺唤醒沉睡着的愚弱的国民。在文章的开头，作者说到年轻时做的梦不免使人寂寞却偏苦于不能全忘却，站在思考民族危亡的思想高峰，俯视国家处于紧要关头却还在沉睡的国民，他很矛盾。一方面，现实是痛苦的，作者开始并不忍心唤醒那些做美梦的人；但另一方面，一个人、二三个人的力量太微弱，不足以改变矛盾重重的社会。而在文章结尾处作者说到希望，说到“聊以慰藉那在寂寞里奔驰的猛士，使他不惮于前驱”。在国家日益富强的今天，鲁迅的思想依然有现实价值，他号召我们每一个中国人去承担国家、社会的责任，为实现中华民族伟大复兴贡献自己的力量。（吴正平　莫莉）

中国人失掉自信力了吗

从公开的文字上看起来：两年以前，我们总自夸着“地大物博”，是事实；不久就不再自夸了，只希望着国联，[1]也是事实；现在是既不夸自己，也不信国联，改为一味求神拜佛，[2]怀古伤今了——却也是事实。

于是有人慨叹曰：中国人失掉自信力了。[3]

如果单据这一点现象而论，自信其实是早就失掉了的。先前信“地”，信“物”，后来信“国联”，都没有相信过“自己”。假使这也算一种“信”，那也只能说中国人曾经有过“他信力”，自从对国联失望之后，便把这他信力都失掉了。

失掉了他信力，就会疑，一个转身，也许能够只相信了自己，倒是一条新生路，但不幸的是逐渐玄虚起来了。信“地”和“物”，还是切实的东西，国联就渺茫，不过这还可以令人不久就省悟到依赖它的不可靠。一到求神拜佛，可就玄虚之至了，有益或是有害，一时就找不出分明的结果来，它可以令人更长久的麻醉着自己。

中国人现在是在发展着“自欺力”。

“自欺”也并非现在的新东西，现在只不过日见其明显，笼罩了一切罢了。然而，在这笼罩之下，我们有并不失掉自信力的中国人在。

我们从古以来，就有埋头苦干的人，有拼命硬干的人，有为民请命的人，有舍身求法的人，……虽是等于为帝王将相作家谱的所谓“正史”，也往往掩不住他们的光耀，这就是中国的脊梁。

这一类的人们，就是现在也何尝少呢？他们有确信，不自欺；他们在前仆后继的战斗，不过一面总在被摧残，被抹杀，消灭于黑暗中，不能为大家所知道罢了。说中国人失掉了自信力，用以指一部分人则可，倘若加于全体，那简直是诬蔑。

要论中国人，必须不被搽在表面的自欺欺人的脂粉所诓骗，却看看他的筋骨和脊梁。自信力的有无，状元宰相的文章是不足为据的，要自己去看地底下。

——选自《鲁迅全集》

【注释】

[1]国联："国际联盟"的简称，第一次世界大战后于 1920 年成立的政府间国际组织。它标榜以"促进国际合作，维持国际和平与安全"为宗旨，实际上是英法等帝国主义国家控制并为其侵略政策服务的工具。

[2]求神拜佛：当时一些国民党官僚和"社会名流"，以祈祷"解救国难"为名，多次在一些大城市举办"时轮金刚法会""仁王护国法会"等。

[3]中国人失掉自信力了：当时舆论界曾有过这类论调，如 1934 年 8 月 27 日《大公报》社评《孔子诞辰纪念》中说："民族的自尊心与自信力，既已荡然无存，不待外侮之来，国家固早已濒于精神幻灭之域。"

【赏析】

本篇文章的背景发生在九·一八日军侵华时期，一些悲观论持有者散布关于战争要失败的论调，而此文运用形象化说理，有力地反驳了这些论调。

文章的前半部分主要驳斥了国人的他信力和求神拜佛现象。他信力主要指除了自身以外相信任何可以相信的东西，就是文章中提到的"地大物博""国联"等等。一个支撑一旦发生了变动，再转移到另一个他上，变动性很大，而求神拜佛也是他信力的一种，但跟其他的又不同，因为神与佛很虚幻，稳定性比较强，没有人知道孰是孰非，所以总是麻痹自己，意识渐渐模糊。总之，这两种国人所谓的"他信力”以及后来提到的正在发展的“自欺力”都是作者嗤之以鼻的。通过前面的“抑”再到后来的“扬”，作者通过列举他所认为的不失掉自信力的四类人：埋头苦干的人，拼命硬干的人，为民请命的人，舍身求法的人，他们就是中国的筋骨和脊梁，他们身上彰显了中国人自强不息的民族精神。（吴正平　莫莉）

谢觉哉

谢觉哉(1884—1971),字焕南,别号觉斋,湖南宁乡人。中国共产党的优秀党员、著名学者和教育家、杰出的社会活动家、法学界先导、人民司法制度的奠基者。1925年加入中国共产党。早年曾在上海负责编辑中共中央机关刊物《红旗》和《上海报》。七七事变后,任中共中央驻兰州八路军办事处代表。后任陕甘宁边区参议会副参议长。1948年任华北人民政府委员兼司法部部长。新中国成立后,历任中央人民政府内务部部长、最高人民法院院长等职。

南泥湾纪行·偶题

秋草萋萋覆短墙,
秋花浅白又深黄。
休言微物无知识,
一路葵花尽向阳。

——选自《谢老诗选》

【赏析】

1941年春,八路军三五九旅响应中共中央号召,到距延安90里的南泥湾进行大生产运动。南泥湾原来是一片丘陵起伏、沟壑纵横、灌木丛生的荒山野岭,经过他们几年的艰苦劳动,开垦荒地27万亩,使此处变成了塞上江南,自给自足有余,还有力地支援了边区经济建设，为全国抗日解放区大生产运动树立了一面旗帜。1944 年 8 月 5 日到 9 月 16 日共 42 天，谢老与延安的一批老同志到此地参观、休养，写下了《南泥湾纪行》这组诗。该诗是一首即景托物言志诗。诗眼在最后一句。全诗用层层衬托手法，先写秋草萋萋，将短墙都遮盖住了；次写它们的形象之美，有的浅白，有的深黄，在阳光的映照下争奇斗艳；再用先抑后扬的议论入诗，诗路荡开，草木与人心相同；最后点出诗的本意。

全诗通过对秋草秋花，特别是一路向阳的葵花的描写，寄托了人心永远向党的深刻涵义。作者没有去直接描写南泥湾大生产运动热火朝天的劳动场面，只是选取了他到南泥湾后亲眼目睹的一些极富典型特征的细节和景物，多数是侧面描写，仅轻轻几笔就勾画出一幅陕北江南田园风景图，秋草萋萋，秋花浅白又深黄，充满一派秋天的景色，但却没有秋的悲凉之感，而是一种秋的收获之喜，给人以丰富的艺术享受，净化、陶冶人的精神。（张祥平）

朱德

朱德(1886—1976),字玉阶,四川仪陇人。1909年入云南讲武堂,同年加入中国同盟会。后参加辛亥革命和反对袁世凯称帝的护国战争及反对段祺瑞的护法战争。1922年赴德留学,并加入中国共产党。1925年赴苏联学习军事,次年回国。1927年参加并领导"八一"南昌起义,后率部上井冈山与毛泽东会师,成立中国工农红军,任总司令。1934年参加长征。抗战爆发后,任八路军总司令。解放战争时期,任中国人民解放军总司令。新中国成立后,历任中央人民政府副主席、中共中央军委副主席、中华人民共和国副主席、全国人大常委会委员长等职。1955年被授予元帅军衔。1976年7月6日在北京逝世。朱德同志是伟大的无产阶级革命家、思想家、军事家、中国人民解放军的主要缔造者之一,中华人民共和国的开国元勋,党的第一代中央领导集体的重要成员。

太行春感

远望春光镇日阴,太行高耸气森森。
忠胆不洒中原泪,壮志坚持北伐心。
百战新师惊贼胆,三年苦斗献吾身。
从来燕赵多豪杰,驱逐倭儿共一樽。

——选自《朱德诗词集》(新编本)上册

【赏析】

1939年春天，八路军总司令朱德挺立在太行山巅，登高远望，思绪万千，写下了这首七言律诗《太行春感》。首联紧紧扣诗题，点明写作的时间和地点，以对比的手法写出国统区和解放区两种不同的抗战态度，呈现出的两种截然不同的景象，从而开启诗篇。“远望春光镇日阴，太行高耸气森森”。诗人由远及近，先看远处的国统区，在本应阳光明媚的春天，却一反常态，满目灰暗阴沉，此乃国民党反动派对日实行不抵抗主义的政治氛围的艺术写照。再近观太行山，群峰屹立，壁垒森严，象征着解放区军民同仇敌忾、严阵以待，浴血奋战，坚不可摧的民族威严和英雄气概。中间两联是全诗的主体，浓墨重彩地表现解放区抗日军民誓与倭寇血战到底，“壮志坚持北伐心”的坚定意志和“百战新师惊贼胆”的抗日声威，以及为了国家解放、民族独立和中华复兴而“苦斗献吾身”的英雄气概和献身精神。尾联与首联相呼应，“从来燕赵多豪杰”，热情歌颂了英雄辈出的北方抗日军民，“驱逐倭儿共一樽”，艺术地展现了中华民族彻底打败日本侵略者庆贺胜利的美好前景和欢乐景象，在举杯同饮的喜庆氛围中收束全诗。这首诗层次脉络清楚，各联环环相扣，感情真挚强烈，语言自然朴素，真正做到了雅俗共赏，是一首不可多得的经典诗篇。（熊德彪）

林伯渠

林伯渠(1886—1960),原名林祖涵,字邃园,号伯渠,湖南安福(今临澧县)人。曾赴日本留学,早年加入同盟会,1921 年加入中国共产党。参加过南昌起义、长征等重要革命活动。新中国成立后,任中央人民政府委员会秘书长、全国人大常务委员会第一、二届副委员长。林伯渠与董必武、徐特立、谢觉哉、吴玉章并称“延安五老”,为中国革命事业作出了突出贡献。他的诗作大部分收录在《林伯渠同志诗选》中,内容丰富,艺术成就很高,在 20 世纪的中国旧体诗坛上堪称重要一家。

郴衡道中[1]

1918 年春参加护法之役,[2]在郴衡道中闻十月革命胜利作。

春风作态已媚人,[3]路引平沙履迹新。[4]
垂柳如腰欲曼舞,[5]碧桃有晕似轻颦。[6]
恰从现象能摸底,[7]免入歧途须趱行。[8]
待到百花齐放日,与君携手共芳晨。[9]

——选自《中共五老诗词鉴赏》

【注释】

[1]郴衡:湖南省的郴州与衡阳。

[2]护法之役:1917 年 7 月,北洋军阀段祺瑞在以武力驱逐保皇

党人张勋后执掌北京政权，对内实行封建专制独裁，对外投靠日本帝国主义，废止辛亥革命后由孙中山先生主持制定的《临时约法》，拒绝恢复国会，激起全国人民一致反对。孙中山坚持民主革命立场，毅然在广州举起“护法”旗帜，成立护法军政府，组织“非常国会”，发动了讨伐段祺瑞的护法战争。

[3]作态：故意作出某种姿态或表情。这里指春天显露出种种生机。

[4]履迹：脚印，足迹。李商隐《喜雪》：“寂寞门扉掩，依稀履迹斜。”一说履迹指沿着前人的旧迹而行，比喻继续前人事业，皆通。

[5]曼舞：轻盈柔婉地起舞。

[6]有晕：指桃花花瓣颜色由浓到淡，有如人脸上泛起的红晕。轻颦：轻轻皱眉。这里用来形容鲜花像少女一般妩媚。

[7]恰：恰好，正好。摸底：找寻到事物的底蕴与本质。

[8]歧途：岔路。此处喻指错误的道路。趱行：赶行，快走。

[9]共芳晨：共度美好的时光。

【赏析】

1918年春，远在湖南护法战场上转战的林伯渠，从挚友李大钊的来信中获悉了俄国十月革命胜利的消息，深受鼓舞。他以热情洋溢的笔调写下了这首标志人生新起点的诗篇。该诗起句只字未涉及具体的春景物态，但通过高度拟人化的“作态”“媚人”二语，让读者又似乎看到了春日里的一切，略其形而取其神，未绘其形而形态毕现。颔联是起句“春风”的展开，但它依旧是写意，依旧是诗人主观情感积极投入的产物。作者以一气贯注的移情及物的力量使柳舞、桃晕这组十分传统的被人重复使用过多次的意象变得鲜活欲跳。尾联中“百花齐放日”一语由首句“春风”和颔联“垂柳”“碧桃”意象生发而来，但时间已从眼下初春推向更明媚的阳春时节，其象喻性十分确定，指的就是中国革命胜利、人民解放之日。除了“春”的意象群，诗中还有一个与它并列的“路”的意象群。首联“路引平沙履迹新”一句中出现了两个有关道路的意象“路”与“履迹”,意思是说十月革命开创的道路引导自己踏上了新的征途。颈联是具有鲜明说理议论色彩的对句,尤其是上句简直是“透过现象看本质”哲学命题的原样照搬,但阅读时又不觉得它牵强生硬,反而会对这种以文入诗,以议论入诗的大胆率直感到新鲜可喜,大有不吐不快之感。全诗激情浇注,一贯而下,春的意象群与路的意象群交替出现,如同两根红线,时而平行,时而交叉,彼此生发推动,最后合拢为一体,形成一股无与伦比的合力,推向代表革命胜利的充满希望的未来,充分展现了老一辈革命家乐观向上的革命豪情,感召力极强。(张祥平)

柳亚子

柳亚子(1887—1958),原名慰高,字安如;后一再更名,字亚子,江苏吴江人。早年参加光复会、同盟会等爱国社团,发起成立进步文学团体南社,担任社长。蒋介石发动"四一二"政变后,遭通缉,流亡日本。抗战期间,与宋庆龄等从事抗日民主活动;抗战胜利后,坚决反对蒋介石发动内战。中国国民党革命委员会成立后,柳亚子被选为该会中央常委兼秘书长。新中国成立后,曾任中央人民政府委员、全国人大常委会委员。1958年6月21日病逝。有《柳亚子诗集》《柳亚子文集》等面世。

毛主席招谈于红岩嘴办事处,归后有作,兼简恩来、若飞(二首选一)

得坐光风霁月中,矜平躁释百忧空。
与君一席肺肝语,胜我十年萤雪功。
后起多才堪活国,颓年渐老意犹童。
中山卡尔双源合,天下英雄见略同。

——选自《柳亚子文集·磨剑室诗词集》

【赏析】

1945年8月28日毛泽东偕周恩来、王若飞等亲赴重庆与蒋介石进行和平谈判。在渝期间,毛泽东与柳亚子三次会面交谈,令柳十分感动。尤其是第三次，同年 10 月 2 日，毛泽东再次约柳亚子到红岩村谈话，柳归后心潮起伏，激动万分，写下了《毛主席招谈于红岩嘴办事处，归后有作，兼简恩来、若飞》诗二首，这里选了其中的一首。

首联写诗人听胸怀开朗洒脱如“光风霁月”的毛泽东谈话，深受鼓舞，使自己茅塞顿开，昔日的许多疑虑与忧愁一扫而空。颔联中诗人以“肺肝语”写出谈话的内容和自己的感受，用“胜我十年萤雪功”点明听毛泽东谈话后的心得与收获，从而道出了上联“矜平躁释百忧空“的原因。颈联用对比的手法，写相对自己而言，毛泽东、周恩来、王若飞这些中国共产党人“后起多才堪活国”，完全能担当救国救民、振兴中华的历史使命。诗人自己虽然已“颓年渐老”，但从以毛泽东为代表的中国共产党人的身上看到了国家和民族的希望与曙光，因此从心底里产生了“心犹童”的感觉与愿望，从而真实自然地流露出对中国共产党和毛泽东等领导人的崇敬之情。尾联诗人先用“中山卡尔双源合”，说明毛泽东等此次来渝，是在马克思主义的指导下，继承孙中山先生的遗志，代表人民的意愿，表达了四万万同胞要求和平统一，共同建立平等自由、独立富强新中国的强烈愿望。最后作者用“天下英雄见略同”结束诗篇，从侧面流露出自己对毛泽东等所代表的中国共产党以及他们所走的革命道路打心眼里的佩服与赞同。一生追求革命的柳亚子把自己置于“天下英雄”之中，既表明了自己的自信，同时也表达了愿与天下英雄一道为实现振兴中华的强国梦作出应有的贡献。（熊德彪）

林觉民

林觉民(1887—1911),字意洞,福建闽侯人。少年时即接受民主革命思想。1905 年与陈意映结婚。1907 年林觉民告别陈意映,东渡日本自费留学,期间加入中国同盟会。1911 年春回国,4 月 24 日夜,林觉民临行前回家探望了父母妻子,当时陈意映已经怀孕。在香港,林觉民深夜里在手帕上写下了《禀父书》《与妻书》。后随黄兴等革命党人参加广州起义,转战途中受伤被俘。1911 年 4 月 27 日黄昏,林觉民在广州天字码头被枪杀,年仅 24 岁。史称"黄花岗七十二烈士"之一。《与妻书》手稿,已由林觉民次子仲新献给人民政府,现陈列在福建省博物馆。

与妻书

意映卿卿如晤:[1]吾今以此书与汝永别矣!吾作此书时,尚是世中一人;汝看此书时,吾已成为阴间一鬼。吾作此书,泪珠和笔墨齐下,不能竟书而欲搁笔,[2]又恐汝不察吾衷,谓吾忍舍汝而死,谓吾不知汝之不欲吾死也,故遂忍悲为汝言之。

吾至爱汝,即此爱汝一念,使吾勇于就死也。吾自遇汝以来,常愿天下有情人都成眷属;然遍地腥云,满街狼犬,称心快意,几家能彀?[3]司马青衫,[4]吾不能学太上之忘情也。[5]语云:仁者"老吾老,以及人之老;幼吾幼,以及人之幼"。吾充吾爱汝之心,助天下人爱其所爱，所以敢先汝而死，不顾汝也。汝体吾此心，于啼泣之余，亦以天下人为念，当亦乐牺牲吾身与汝身之福利，为天下人谋永福也。汝其勿悲！

汝忆否？四五年前某夕，吾尝语曰：“与使吾先死也，无宁汝先我而死。”汝初闻言而怒，后经吾婉解，虽不谓吾言为是，而亦无词相答。吾之意盖谓以汝之弱，必不能禁失吾之悲，吾先死留苦与汝，吾心不忍，故宁请汝先死，吾担悲也。嗟夫！谁知吾卒先汝而死乎？吾真真不能忘汝也！回忆后街之屋，入门穿廊，过前后厅，又三四折，有小厅，厅旁一室，为吾与汝双栖之所。初婚三四个月，适冬之望日前后充，[6]窗外疏梅筛月影，依稀掩映；吾与(汝)并肩携手，低低切切，何事不语？何情不诉？及今思之，空余泪痕。又回忆六七年前，吾之逃家复归也，汝泣告我：“望今后有远行，必以告妾，妾愿随君行。”吾亦既许汝矣。前十余日回家，即欲乘便以此行之事语汝，及与汝相对，又不能启口，且以汝之有身也，[7]更恐不胜悲，故惟日日呼酒买醉。嗟夫！当时余心之悲，盖不能以寸管形容之。[8]

吾诚愿与汝相守以死，第以今日事势观之，[9]天灾可以死，盗贼可以死，瓜分之日可以死，奸官污吏虐民可以死，吾辈处今日之中国，国中无地无时不可以死，到那时使吾眼睁睁看汝死，或使汝眼睁睁看吾死，吾能之乎？抑汝能之乎？即可不死，而离散不相见，徒使两地眼成穿而骨化石，试问古来几曾见破镜能重圆？则较死为苦也，将奈之何？今日吾与汝幸双健。天下人不当死而死与不愿离而离者，不可数计，钟情如我辈者，能忍之乎？此吾所以敢率性就死不顾汝也。吾今死无余憾，国事成不成自有同志者在。依新已五岁，转眼成人，汝其善抚之，使之肖我。汝腹中之物，吾疑其女也，女必像汝，吾心甚慰。或又是男，则亦教其以父志为志，则吾死后尚有二意洞在也。幸甚，幸甚！吾家后日当甚贫，[10]贫无所苦，清静过日而已。

吾今与汝无言矣。吾居九泉之下遥闻汝哭声，当哭相和也。吾平日不信有鬼，今则又望其真有。今是人又言心电感应有道，吾亦望其言是实，则吾之死，吾灵尚依依旁汝也，汝不必以无侣悲。

吾平生未尝以吾所志语汝，是吾不是处；然语之，又恐汝日日为吾担忧。吾牺牲百死而不辞，而使汝担忧，的的非吾所忍。吾爱汝至，所以为汝谋者惟恐未尽。汝幸而偶我，[11]又何不幸而生今日中国！吾幸而得汝，又何不幸而生今日之中国！卒不忍独善其身。嗟夫！巾短情长，所未尽者，尚有万千，汝可以模拟得之。吾今不能见汝矣！汝不能舍吾，其时时于梦中得我乎！一恸！辛未三月廿六夜四鼓，[12]意洞手书。

家中诸母皆通文，有不解处，望请其指教，当尽吾意为幸。

——选自寿永明著《中国文学作品欣赏》

【注释】

[1]意映卿卿如晤：卿卿，此为对妻子的爱称。晤，见面。

[2]竟书：写完。竟，完毕。

[3]彀：同“够”。

[4]司马青衫：语出白居易《琵琶行》，用以形容极度悲伤，表达深切的同情。

[5]太上之忘情：太上，最高的人，指圣人。意思是圣人能超脱世俗，不以情欲牵怀。

[6]望日：农历每月十五日。

[7]有身：怀孕。

[8]寸管：毛笔的代称。

[9]第：书面语，“但”同。

[10]后日：今后的日子。

[11]偶我：以我为配偶。

[12]辛未：应是“辛亥”，此书作于广州黄花岗起义前三天，即农历辛亥年三月廿六日深夜。

【赏析】

1911 年广州起义的前三天 4 月 24 日晚，林觉民给陈意映写下了这封《与妻书》。当时，他从广州来到香港，迎接从日本归来参加起义的同志。夜阑人静，想到即将到来的轰轰烈烈的起义，面对残酷的现实，生死难卜，他思绪翻涌，给父亲和妻子写下了诀别书。天亮后交给一位朋友，说："我死，幸为转达。"写《与妻书》时，林觉民决心慷慨赴死，义无反顾。信的第一句，毅然泣告爱妻："吾今以此书与汝永别矣！吾作此书时，尚是世中一人；汝看此书时，吾已成为阴间一鬼。"为"助天下人爱其所爱""为天下人谋永福"，他置生死于度外。全文情真意切，字字泣血，缠绵悱恻而又正气凛然，催人泪下，撼人心魄。"吾幸而得汝，又何不幸而生今日之中国！卒不忍独善其身。"作者割舍不下的还有五岁的依新和妻子"腹中之物"，"亦教其以父志为志"。虽时已百年之后，作者对爱妻的那份真情，字字句句痛彻心扉，那种"以天下人为念"、舍生取义的革命者风范，跃然纸上。烈士英灵和伟大精神永远铭刻在中华民族历史丰碑上。（萧小玉）

李大钊

李大钊(1889—1927),字守常,河北省乐亭人。1913年毕业于北洋法政专门学校,后赴日就读于东京早稻田大学,开始接触社会主义思想和马克思主义学说。1916年回国后,担任北京大学教授、图书馆主任,《新青年》编辑,领导了“五四”新文化运动,创办《每周评论》,宣传共产主义思想,领导建立共产党早期组织。后领导北方党组织发动群众,开展反帝反军阀斗争。1927年在反动军阀的白色恐怖中被捕入狱,英勇牺牲。他是中国共产主义运动的先驱,中国共产党的主要创始人之一。今人辑有《李大钊全集》。

登楼杂感(其二)

感慨韶华似水流,湖山对我不胜愁。
惊闻北塞驰胡马,空著南冠泣楚囚。
家国十年多隐恨,英雄千载几荒丘。
海天寥落闲云去,泪洒西风独依楼。

——选自中国李大钊研究会编注《李大钊全集》

【赏析】

该诗写于1908年,发表时名为《筑声剑影楼剩稿》。“筑声”指义士高渐离筑击秦始皇,“剑影”当是指壮士荆轲刺杀秦王的剑刃寒光。诗人正于北洋政法专门学校读书,以此为书斋之名是激励自己不忘国难，振兴中华，该诗正是诗人忧国忧民心情的写照。诗人借登楼北望之机浮想联翩，联想到帝国主义对祖国的践踏和蹂躏，表达了对祖国山河破碎、风雨飘摇的失望之情。首联表达了青春易逝、世事无常的愁绪，奠定了整首诗歌的感情基调。“湖山对我不胜愁”句，诗人运用拟人化的方式点染愁绪，借景语写情语，生动形象。颔联顺着上联引出自己“不胜愁”的因由，“北塞驰胡马”暗指日俄战争后，沙俄加紧侵吞我国东北领土的危急局势。诗人从活动于东北的友人信件中了解此事后，不由义愤填膺，五内如焚。“南冠泣楚囚”即是借楚国钟仪戴着南冠被囚于晋国军府的典故，伤感自己只能虚度光阴，壮志难酬。面对中国的沉重灾难和清政府的腐败无能，回顾历史上英雄豪杰赴汤蹈火、救国救民的事迹，诗人却无能为力，只有独倚高楼，泪洒满襟。后两联即借景抒情，泣血陈词。这首诗写得悲愤沉郁，表现了作者满腔热血，隐忧国事而无法力挽狂澜的痛苦，体现了抵御外侮，实现自由独立之中华强国的梦想。（张争艳）

青春（节选）

总之，青年之自觉，一在冲决过去历史之网罗，破坏陈腐学说之囹圄，勿令僵尸枯骨，束缚现在活泼泼地之我，进而纵现在青春之我，扑杀过去青春之我，促今日青春之我，禅让明日青春之我。一在脱绝浮世虚伪之机械生活，以特立独行之我，立于行健不息之大机轴。袒裼裸裎，去来无罣，全其优美高尚之天，不仅以今日青春之我，追杀今日白首之我，并宜以今日青春之我，豫杀来日白首之我，此固人生惟一之蕲向，青年惟一之责任也矣。拉凯尔曰[1]：“长保青春，为人生无上之幸福，尔欲享兹幸福，当死于少年之中。”吾愿吾亲爱之青年，生于青春死于青春，生于少年死于少年也。德国史家孟孙氏，[2]评鹭锡札曰：[3]“彼由青春之杯，饮人生之水，并泡沫而干之。”吾愿吾亲爱之青年，擎此夜光之杯，举人生之醍醐浆液，一饮而干也。人能如是，方为不役于物，物莫之伤。大浸稽天而不溺，[4]大旱金石流土山焦而不热，[5]是其尘垢粃糠，将犹陶铸尧、舜。[6]自我之青春，何能以外界之变动而改易，历史上残骸枯骨之灰，又何能塞蔽青年之聪明也哉？市南宜僚见鲁侯，[7]鲁侯有忧色，示市南子乃示以去累除忧之道，有曰：“‘吾愿君去国捐俗，与道相辅而行。’君曰：‘彼其道远而险，又有江山，我无舟车，奈何？’市南子曰：‘君无形倨，无留居，以为君车。[8]’君曰：‘彼其道幽远而无人，吾谁与为邻？吾无粮，我无食，安得而至焉？’市南子曰：‘少君之费，寡君之欲，虽无粮而乃足，君其涉于江而浮于海，望之而不见其崖，愈往而不知其所穷，送君者将[皆]自崖而反，君自此远矣’。”此其谓道，殆即达于青春之大道。青年循蹈乎此，本其理性，加以努力，进前而勿顾后，背黑暗而向光明，为世界进文明，为人类造幸福，以青春之我，创建青春之家庭，青春之国家，青春之民族，青春之人类，青春之地球，青春之宇宙，资以乐其无涯之生。乘风破浪，迢迢乎远矣，复何无计留春望尘莫及之忧哉？吾文至此，已嫌冗赘，请诵漆园之语，[9]以终斯篇。

——选自中国李大钊研究会编注《李大钊全集》

【注释】

[1]拉凯尔：疑为德国著名历史学家兰克之日译名之转译。

[2]孟孙：即德国著名历史学家特奥多尔·蒙森。

[3]锡札：罗马执政官恺撒。

[4]大浸稽天：大水滔天。

[5]大旱金石流：大旱使金石熔化为液体。

[6]陶铸尧、舜：意谓凡经历大水大旱锻炼的人，一点点也可造就尧舜了。

[7]市南宜僚：此人姓熊名宜僚，家住市南，故以此为号。

[8]以为君车:以上三句话意为你不要倨傲,不要执著,用这作为你的车辆。

[9]漆园:指庄子。

【赏析】

《青春》最初发表于1916年9月《新青年》上,写作该文时,李大钊虽远在日本,但一直非常关心国内的斗争局势。此时的中国本土正掀起声势浩大的反袁称帝的爱国主义浪潮,李大钊从中看到了胜利的曙光。正是在这种估计之下,李大钊认为中国当时正处在黎明与黑暗之交,中国的黎明即将来临,中国的青春即将来临。《青春》实际上回答了应该建设一个什么样的国家的问题,即摆脱旧传统、旧观念的束缚,建立一个“青春中华”。

本文节选自结尾段落的后半部分,李大钊明确指出,中华是否能回春再造,衰老的民族是否能变成青春的民族,关键在于青年是否自觉。青年首先要冲破网罗、去除陈腐,保持青春的精神;其次超越世俗平庸虚伪的生活,义无反顾,发愤图强,这是青年们唯一的责任。纵观古今中外,有那么多贤者赞美青春,砥砺自我,当代青年更应该发挥青春的激情,“为世界进文明,为人类造幸福”。李大钊以哲理性的思辨、气势磅礴的语言表达青春梦想,实际上是为了振兴中华,救亡图存。他把希望寄托在生气勃勃,胸怀大志的人们身上,有些人虽然年轻,但精神萎靡,毫无斗志,有些人虽然年老,但斗志昂扬,精神四射。青春跟人的年纪无关,而是人类的一种精神状态。只有精神饱满,生命力顽强的人才能承担起“创建青春之家庭,青春之国家,青春之民族,青春之人类,青春之地球,青春之宇宙”的重任。正是从精神文明建设的角度,李大钊提出了自己的强国梦。(张争艳)

艰难的国运与雄健的国民

（一九二三年十二月二十三日）

历史的道路，不全是坦平的，有时走到艰难险阻的境界。这是全靠雄健的精神才能冲过去的。

一条浩浩荡荡的长江大河，有时流到很宽阔的境界，平原无际，一泻万里。有时流到很逼狭的境界，两岸丛山迭岭，绝壁断崖，江河流于其间，曲折回环，极其险峻。民族生命的进展，其经历亦复如是。

人类在历史上的生活，正如旅行一样。旅途上的征人所经过的地方，有时是坦荡平原，有时是崎岖险路。老于旅途的人，走到平坦的地方，固是高高兴兴地向前走，走到崎岖的境界，愈是奇趣横生，觉得在此奇绝壮绝的境界，愈能感得一种冒险的美趣。

中华民族现在所逢的史路，是一段崎岖险阻的道路。在这一段道路上，实在亦有一种奇绝壮绝的景致，使我们经过此段道路的人，感得一种壮美的趣味。但这种壮美的趣味，是非有雄健的精神的，不能够感觉到的。

我们的扬子江、黄河，可以代表我们的民族精神。扬子江及黄河遇见沙漠、遇见山峡都是浩浩荡荡的往前流过去，以成其浊流滚滚、一泻万里的魄势。目前的艰难境界，那能阻抑我们民族生命的前进。我们应该拿出雄健的精神，高唱着进行的曲调，在这悲壮歌声中，走过这崎岖险阻的道路。要知在艰难的国运中建造国家，亦是人生最有趣味的事……

——选自中国李大钊研究会编注《李大钊全集》

【赏析】

五四运动落潮后，北洋军阀联合帝国主义殖民势力，加紧了对中国人民的压迫和对新文化运动的破坏，社会重新陷入一片令人窒息的阴霾之中。作为中华民族的一员，面对艰难的国运，是悲观失望，彷徨苦闷，还是正视现实，振奋起民族雄健的精神？李大钊用一篇具有强烈鼓动性和充满乐观精神的雄文《艰难的国运与雄健的国民》，做了斩钉截铁的回答。文章开篇就从历史发展的高度，态度鲜明地提出了以雄健的精神冲破历史险阻这个论点。为证明此论，文章引譬连类，用长江大河的流动，说明历史发展有坦平，有曲折，用旅途生活经验来说明冲破崎岖险路会产生“奇趣横生”的享受，生动贴切而又极富感染力。文章顺势而言，说明中华民族发展到当前，所逢的“是一段崎岖险阻的道路”，但完全不必悲观。敢于面对现实，敢于斗争的雄健者，就会满怀豪情，在奇绝壮绝的斗争中获得“壮美的趣味”，这是何等阔大的胸襟怀抱。这种雄健的精神，就像扬子江、黄河浊流滚滚、一泻万里冲过沙漠山峡的魄势一样，必将冲破一切阻碍民族发展之势力。不论是在过去艰苦卓绝的革命年代，还是在今天强国之梦的新长征途中，李大钊提倡的雄健精神始终鞭策着我们，为中华民族屹立于世界强族之林而积极进取、奋起拼搏！（张争艳）

《晨钟》之使命
——青春中华之创造

一日有一日之黎明，一稘有一稘之黎明，个人有个人之青春，国家有国家之青春。今者，白发之中华垂亡，青春之中华未孕，旧稘之黄昏已去，新稘之黎明将来。际兹方死方生、方毁方成、方破坏方建设、方废落方开敷之会，吾侪振此“晨钟”，期与我慷慨悲壮之青年，活泼泼地之青年，日日迎黎明之朝气，尽二十稘黎明中当尽之努力，人人奋青春之元气，发新中华青春中应发之曙光，由是一一叩发一一声，一一声觉一一梦，俾吾民族之自我的自觉，自我之民族的自觉，一一彻底，急起直追，勇往奋进，径造自由神前，索我理想之中华，青春之中华，幸勿姑息迁延，韶光坐误。人已汲新泉，尝新炊，而我犹卧榻横陈，荒娱于白发中华、残年风烛之中，沉鼾于睡眠中华、黄梁酣梦之里也。

外人之诋吾者，辄曰：中华之国家，待亡之国家也；中华之民族，衰老之民族也。斯语一入吾有精神、有血气、有魂、有胆之青年耳中，鲜不勃然变色，思与四亿同胞发愤为雄，以雪斯言之奇辱者。顾吾以为宇宙大化之流行，盛衰起伏，循环无已，生者不能无死，毁者必有所成，健壮之前有衰颓，老大之后有青春，新生命之诞生，固常在累累坟墓之中也。吾之国家若民族，历数千年而巍然独存，往古来今，罕有其匹，由今论之，始云衰老，始云颓亡，斯何足讳，亦何足伤，更何足沮丧吾青年之精神，销沉吾青年之意气！吾人须知吾之国家若民族，所以扬其光华于二十稘之世界者，不在陈腐中华之不死，而在新荣中华之再生；青年所以贡其精诚于吾之国家若民族者，不在白发中华之保存，而在青春中华之创造。《晨钟》所以效命于胎孕青春中华之青年之前者，不在惜恋飃飃就木之中华，而在欢迎呱呱坠地之中华。是故中华自身无所谓运命也，而以青年之运命为运命；《晨钟》自身无所谓使命也，而以青年之使命为使命。青年不死，即中华不亡，《晨钟》之声，即青年之舌，国家不可一日无青年，青年不可一日无觉醒，青春中华之克创造与否，当于青年之觉醒与否卜之，青年之克觉醒与否，当于《晨钟》之壮快与否卜之矣。

过去之中华，老辈所有之中华，历史之中华，坟墓中之中华也。未来之中华，青年所有之中华，理想之中华，胎孕中之中华也。坟墓中之中华，尽可视为老辈之纪录，而拱手以让之老辈，俾携以俱去。胎孕中之中华，则断不许老辈以其沉滞颓废、衰朽枯窘之血液，侵及其新生命。盖一切之新创造，新机运，乃吾青年独有之特权，老辈之于社会，自其长于年龄、富于经验之点，吾人固可与以相当之敬礼，即令以此自重，而轻蔑吾青年，嘲骂吾青年，诽谤吾青年，凌辱吾青年，吾人亦皆能忍受，独至并此独有之特权而侵之，则毅然以用排除之手段，而无所于踌躇，无所于逊谢。须知吾青年之生，为自我而生，非为彼老辈而生，青春中华之创造，为青年而造，非为彼老辈而造也。

老辈之灵明，蔽翳于经验，而青年脑中无所谓经验也。老辈之精神，局牖于环境，而青年眼中无所谓环境也。老辈之文明，和解之文明也，与境遇和解，与时代和解，与经验和解。青年之文明，奋斗之文明也，与境遇奋斗，与时代奋斗，与经验奋斗。故青年者，人生之王，人生之春，人生之华也。青年之字典，无“困难”之字，青年之口头，无“障碍”之语；惟知跃进，惟知雄飞，惟知本其自由之精神，奇僻之思想，锐敏之直觉，活泼之生命，以创造环境，征服历史。老辈对于青年之道义，亦当尊重其精神，其思想，其直觉，其生命，而不可抑塞其精神，其思想，其直觉，其生命。苟老辈有以柔顺服从之义规戒青年，以遏其迈往之气，豪放之才者，是无异于劝青年之自杀也。苟老辈有不知苏生，不知蜕化，而犹逆宇宙之进运，投青年于废墟之中者，吾青年有对于揭反抗之旗之权利也。

今日之中华，犹是老辈把持之中华也，古董陈列之中华也。今日中华之青年，犹是崇拜老辈之青年，崇拜古董之青年也。人先失其青春，则其人无元气；国家丧其青年，则其国无生机。举一国之青年，自沉于荒冢之内，自缚于偶像之前，破坏其理想，黯郁其灵光，遂令皓首皤皤之老翁，昂头阔步，以陟于社会枢要之地，据为苑丘终老之所，而欲其国不为待亡之国，其族不为濒死之族，乌可得耶？吾尝稔究其故矣，此其咎不在老辈之不解青年心理，不与青年同情，而在青年之不能与老辈宣战，不能与老辈格斗。盖彼老辈之半体，已埋没于黄土一抔之中，更安有如许之精神气力，与青年交绥用武者。果或有之，吾青年亦乐引为良师益友，不敢侪之于一般老辈之列，而葬于荒冢之中矣。吾国所以演成今象者，非彼老辈之强，乃吾青年之弱，非彼旧人之勇，乃吾新人之怯，非吾国之多老辈多旧人，乃吾国之无青年无新人耳！非绝无青年，绝无新人，有之而乏慷慨悲壮之精神，起死回天之气力耳！此则不能不求青年之自觉与反省，不能不需《晨钟》之奋发与努力者矣。

由来新文明之诞生，必有新文艺为之先声，而新文艺之勃兴，尤必赖有一二哲人，犯当世之不韪，发挥其理想，振其自我之权威，为自我觉醒之绝叫，而后当时有众之沉梦，赖以惊破。欧人促于科学之进步，而为由耶教桎梏解放之运动者，起于路德一辈之声也。法兰西人冒革命之血潮，认得自我之光明，而开近世自由政治之轨者，起于孟德斯鸠、卢骚、福禄特尔诸子之声也。他如狄卡儿、培根、秀母、康德之徒，其于当世，亦皆在破坏者、怀疑主义者之列，而清新之哲学、艺术、法制、伦理，莫不胚孕于彼等之思潮。萨兰德、海尔特尔、冷新、乃至改得、西尔列尔之流，其于当代，固亦尝见诋为异端，而德意志帝国之统一，殆即苞蕾于彼等热烈之想象力，彼其破丹败奥，摧法征俄，风靡巴尔干半岛与海王国。抗战不屈之德意志魂，非俾士麦、特赖克、白仑哈的之成绩，乃讴歌德意志文化先声之青年思想家、艺术家所造之基础也。世尝啧啧称海聂之名矣，然但知其为沉哀之诗人，而不知其为“青年德意志”弹奏之人也。所谓“青年德意志”运动者，以一八四八年之革命为中心，而德国国民绝叫人文改造□□□也。彼等先俾斯麦、摩尔托克、维廉一世而起，于其国民之精神，与以痛烈之激刺。当是时，海聂、古秋阔、文巴古、门德、洛北诸子，实为其魁俊，各奋其颖新之笔，掊击时政，攻排旧制，否认偶像的道德，诅咒形式的信仰，冲决一切陈腐之历史，破坏一切固有之文明，扬布人生复活国家再造之声，而以使德意志民族回春，德意志帝国建于纯美青年之手为理想，此其孕育胚胎之世，距德意志之统一，才二十载，距今亦不过六十余年，而其民族之声威，文明之光彩，已足以震耀世界，征服世界，改造世界而有余。居今穷其因果，虽欲不归功于青年德意志之运动，青年文艺家、理想家之鼓吹，殆不可得。以视吾之文坛，堕落于男女兽欲之鬼窟，而罔克自拔，柔靡艳丽，驱青年于妇人醇酒之中者，盖有人禽之殊，天渊之别矣。记者不敏，未擅海聂诸子之文才，窃慕青年德意志之运动，海内青年，其有闻风兴起者乎？甚愿执鞭以从之矣。

吾尝论之，欧战既起，德意志、勃牙利亦以崭新之民族爆发于烽火之中。环顾兹世，新民族遂无复存。故今后之问题，非新民族崛起之问题，乃旧民族复活之问题也。而是等旧民族之复活，非其民族中老辈之责任，乃其民族中青年之责任也。土尔其以老大帝国与吾并称，而其冥顽无伦之亚布他尔哈米德朝，颠覆于一夜之顷者，则青年土尔其党愤起之功也。印度民族久已僵死，而其民间革命之烽烟，直迷漫于西马拉亚山之巅者，则印度青年革命家努力之效也。吾国最近革命运动，亦能举清朝三百年来之历史而推翻之。袁氏逆命，谋危共和，未逾数月，义师勃兴，南天震动，而一世之奸雄，竟为护国义军穷迫以死。今虽不敢遽断改革之业，为告厥成功，而青春中华之创造，实已肇基于此。其胚种所由发，亦罔不在吾断头流血之青年也。长驱迈往之青年乎，其各百尺竿头，更进一步，取由来之历史，一举而摧焚之，取从前之文明，一举而沦葬之。变弱者之伦理为强者之人生，变庸人之哲学为天才之宗教，变"人"之文明为"我"之文明，变"求"之幸福为"取"之幸福。觅新国家，拓新世界，于欧洲战血余腥、炮焰灰烬之中，而以破坏与创造，征服与奋斗为青年专擅之场，厚青年之修养，畅青年之精神，壮青年之意志，砺青年之气节，鼓舞青春中华之运动，培植青春中华之根基，吾乃高撞自由之钟，以助其进行之勇气。中华其睡狮乎？闻之当勃然兴；中华其病象乎？闻之当霍然起。盖青年者，国家之魂，《晨钟》者，青年之友。青年当努力为国家自重，《晨钟》当努力为青年自勉，而各以青春中华之创造为唯一之使命，此则《晨钟》出世之始，所当昭告于吾同胞之前者矣。

附言

篇中所称老辈云者，非由年龄而言，乃由精神而言；非由个人而言，乃由社会而言。有老人而青年者，有青年而老人者。老当益壮者，固在吾人敬服之列，少年颓丧者，乃在吾人诟病之伦矣。

——选自中国李大钊研究会编注《李大钊全集》

【赏析】

自1915年开始，先进的知识分子掀起一场前所未有的新文化运动，他们朝着禁锢和统治中国人民的封建主义思想文化发动猛烈的冲击，为即将出现的新的革命高潮作了思想上的准备。作为新文化运动的先驱，李大钊怀着强烈的爱国主义理想和忧患意识，为灾难深重的中华民族探求复兴之路。在1916年8月15日的《晨钟》创刊号上，李大钊发表了《〈晨钟〉之使命》一文，公开声明要把创造"青春中华"作为自己的历史使命，他向全国人民指出：中国民主革命的任务还没有完成，一切必须从头做起。作者从自然界的发展联想到人类社会的演变，认为个人有个人的青春，国家也有国家的青春。中华目前已经步入衰老颓丧的"白发"阶段，与其试图延长白首中华的寿命，不如先破后立，建设新的青春中华。接着把青春中华的历史使命寄托于青年身上，将青年与老年进行了充分比较分析：青年虽然缺乏经验认识，但具有"自由之精神，奇僻之思想，锐敏之直觉，活泼之生命"，可以"创造环境，征服历史"。从法兰西革命党人、青年德意志运动者、青年土耳其党、印度青年革命家以及中国"断头流血"之青年的历史回顾中，作者热情洋溢地提倡这种具有鲜明时代特征的"青春"之气，也是在任何困难面前都不可能磨灭的民族生命力，它是推动历史、创造历史的精神动力。从这篇文章看来，尽管李大钊还没有找到解放中国人民的根本道路，但在马克思主义还没有成为中国革命指南之前，他能够提出激励民众的革命理想、并且明确指出当时的斗争任务及其斗争手段、依靠力量，表现了李大钊作为一个激进的革命民主主义者反封建的坚定性和深刻性。（张争艳）

刘伯承

刘伯承(1892—1986),原名刘明昭,曾用名刘伯坚,重庆市开州人。中国共产党的优秀党员,中华人民共和国元帅,中国人民解放军缔造者之一,伟大的无产阶级革命家、军事家、马克思主义军事理论家,军事教育家。辛亥革命时期从军,1926 年加入中国共产党。相继参加了北伐战争、八一南昌起义、土地革命战争、长征、抗日战争、解放战争等。建国后,历任中共中央西南局第二书记,西南军政委员会主席,中国人民解放军军事学院院长兼政委,中央人民政府人民革命军事委员会副主席。1986 年 10 月 7 日在北京逝世,终年 94 岁。刘伯承为中华民族和中国人民的解放事业建立了不朽功勋,为我国的国防建设和社会主义建设事业作出了杰出贡献,对我军向正规化、现代化迈进作出了卓越的贡献。

出益州

(1914 年)

微服孤行出益州,今春病起强登楼。
海潮东去连天涌,江水西来带血流。
壮士未埋荒草骨,书生犹剩少年头。
手执青锋卫共和,独战饥寒又一秋。

——选自秦建华主编《老一辈革命家诗词鉴赏辞典》

【赏析】

1913年8月刘伯承参加讨袁战绩卓著，被敌人列入通缉名单。他机智地乔装改扮潜回家乡。次年春天，他赴约去上海参加孙中山领导的革命党。这首诗写的就是那次乘舟东下，告别三峡的悲壮心情。诗的起句以低沉的咏叹唱出了此次出川的悲壮心境。“微服孤行”形象地描述了诗人化装出走的保密情景，及其仗剑卫国、辞亲远游的一腔孤愤。对句由南朝诗人谢灵运《病起登池上楼》这一诗题蜕变而来，“强登楼”暗用王粲登楼的典故。“强”作状语修饰“登楼”，不仅显现出勉力奋起、自强不息的精神状态，而且顺势引出下面两联对仗的伤时忧国之感。诗意跌宕流转，以灵动取胜，深得唐人诗思之妙。领联融情入景：出句展望将来，此去沪上，风云际会，革命高潮，又将兴起，不禁心向往之；对句回顾过去，讨袁失利，孤军转战，血雨腥风，牺牲惨烈，不免感慨万端。颈联即景抒情：大难不死，壮志可酬，劫后余生，风华正茂，应从悲愤中昂起头来干一番事业，愿与同行战友共勉。律诗的对仗，乃一篇之警策所在，贵在有所寄寓，发人深省。细读这两联，从工整的字句，铿锵的韵律中，可以感触到诗人“形在江海之上，心存魏阙之下”的绵绵忧思。尾联用赋法直抒胸臆，发出了手执利剑捍卫共和的呼声。为了表白这种不屈不挠的斗志，诗的结局突然由高亢而低沉，回到首联的基调上吟出“独战饥寒”的悲歌。全诗到此，一笔煞住，如截奔马，读者从有余不尽的气势中不难聆听出诗篇的弦外之音：敌人的围追堵截，生活上的缺衣少食，这一切都难不倒革命志士，此去海阔天空，前程无量，让那些共和的敌人、人民的蛀虫等着瞧吧！（张祥平）

郭沫若

郭沫若(1892—1978),幼名文豹,原名开贞,字鼎堂,号尚武,四川乐山人。中国新诗的奠基人之一、中国历史剧的开创者之一、古文字学家、考古学家、社会活动家,甲骨学四堂之一,第一届中央研究院院士。1926年参加北伐,1927年参加了南昌起义,1928年2月因被国民党政府通缉,流亡日本,抗战爆发后回国,从事抗日救亡运动。新中国成立后,曾任政务院副总理兼文教委员会主任、全国人大委员会副委员长、全国政协副主席、中国科学院首任院长、中国文联首任主席、中共第九、十、十一届中央委员。1978年6月在京逝世。他是继鲁迅之后,我国文化战线上又一面光辉的旗帜。全部作品编成《郭沫若全集》38卷。

再用鲁迅韵书怀

成仁有志此其时,效死犹欣鬓未丝。
五十六年余鲠骨,八千里路赴云旗。
讴歌土地翻身日,创造工农革命诗。
北极不移先导在,长风浩荡送征衣。

1947年11月13日离沪之前作

——选自《郭沫若选集》

【赏析】

这首诗作于1947年11月13日郭沫若离沪取道香港赴解放区的前夜，此诗用鲁迅《为了忘却的纪念》中"惯于长夜过春时"一诗的韵。因十年前《归国杂吟》已用过此韵，故称为"再用"。在郭沫若人生道路的重大转折关头，为什么曾先后两次用鲁迅韵书怀呢？这说明中国现代文化运动史上的两位巨匠，他们的心是相通的，一个是新文化运动的导师，一个是新文化运动的主将；一个是开路的先锋，一个是引路的向导。十年前投笔请缨，回国抗战，步其韵，贯注了强烈而深沉的爱国主义激情。十年后诗人又将脱离国民党的黑暗统治，奔赴光明的解放区，比起当年更是加倍激动，情飘万里，壮志满怀，非鲁迅韵不可抒其情、表其愿、述其志矣。如果说十年前用鲁迅韵充分表达了诗人强烈的爱国主义激情，投身于民族解放战争伟大宏愿的话，那么，十年后再用鲁迅韵更铭铸、浸透了对祖国对人民的无限挚爱，以及诗人决心紧跟共产党和革命领袖献身人民解放事业的坚定信念和赤子之心。（吴正平）

青年哟，人类的春天

"五四"运动的历史到现在竟有二十二周年了。这个有光辉的纪念日——五月四号，被定为了"青年节"，这个意义是很值得阐发的。青年是发展的动力，同时也就是进步的象征。人类社会乃至一切自然界的进化关键，可以说就是操持在青年的手里。宇宙中举凡运行的轨迹都呈抛物线形，近来已由物理学家证明，连太阳光线从前以为是直线进行的，其实也是采取曲线的行径。年有春夏秋冬，人有幼少壮老，都同样是抛物线形的轨迹。假使没有明年的春夏，人类便只好永远的死亡，假使没有第二代的青年，人类的一切便只好永远的衰竭。青年哟，人类的春天！就靠着有这青春的一季，使我们每一个人的精神发展，进行到抛物线的顶端，也就靠着有这青春的不断的来复，使我们整个民族或整个人类的精神发展，永远地保持着上行的阶段。前一代的抛物线的顶端成为后一代抛物线的起点。向上的波澜，一波未平，一波续起，就这样必趋没落的抛物线变为永远进展的无穷曲线。自然及人类是这样进化了来，也将这样进化起去。所争者只是在：无意义的运行或有意识的策动。人类也经过了很长远的无意识时代，这时代快要成为过去了。对于运行轨迹的研究愈透辟，策动运动的意识便愈清醒。我们把“五四”定为青年节的意义，也就是这种意识觉醒的明白表示了。我们希望：“五四”运动时所表现的那种磅礴的青年精神要永远保持下去，而今后无数代的青年都要保持着五四运动的朝气向前跃进。继承“五四”，推进“五四”，超过“五四”。使青年永远文化化，使文化永远青春化。

文化的本质其实即可以定义为“人为的进化”。它是对于自然界的一种斗争，对于凡是不利于进化的自然界的暴力及其惰力。人类也是自然界的一分子，在它本身也具有自然的暴力和惰力，当它能征服暴力和惰力（连它自己本身在内）的时候，它是自然界的主人，文化的创造者。当它驯服于暴力与惰力之下而听其支配的时候，它是自然界的奴隶，文化的阉割者或破坏者。暴力的行使者和身受者，虽然有主动与被动之分，同样是为暴力所支配的奴隶。不能克服他人的暴力而俯首帖耳，固然没有担当创造文化的资格，不能克服本身的暴力而趾高气昂，结果也只是破坏既成文化而堕入兽域。“五四”运动一方面反对帝国主义，这是反对人类社会的最大暴力，另一方面也反对封建制度，这是反对中国本身的最大惰力。运动的精神和文化的本质合拍，故尔“五四”运动成为文化运动的纪念碑，中国文化乃至中国民族经这一运动而青年化了。“五四”以来的二十二年间的进展，毫不夸张地，可以说抵得上“五四”以前的二万二百年间的进展。我们不要为泥古的习惯所囿，应该把眼光看着前头。二千二百年来的文化积蓄，固然有它精粹的成分存在，值得我们研究、阐发、保存，光大，但从那年代的久远和适用价值的有限上来看，我们的进步实在是十分迂缓，不仅中国是这样，凡是文化意识觉醒以前的近代各民族，毫无例外地，都是这样。到了现代，空前的距离有了无限的缩短，时间的范畴得到无限的扩充，人力的效率增大到了无穷倍。这是事实，也可以说是人力造成的奇迹。我们虽然还未走到近代文化的最高峰，但自"五四"以来，我们是不息地在向上走着。这路是荆棘的路，但同时也是争取荣冠的路。我们要发挥我们文化民族的使命，便不得不斗争。没有斗争便没有文化。目前的世界有疯狂的暴力正在向着文化摧残，向着创造文化的精神摧残，把人类拖到黑暗的悲惨的死灭地狱。我们要从这世界末日中把文化救起，把创造文化的精神救起，救起自己本身，救起全民族，救起全人类。

救民族，救人类，并不是空洞的夸言壮语，也希望不只是空洞的夸言壮语。要做，也是容易的事体，在每个人的分内，就请从自己做起吧。在目前大动荡的时代，每一个人都应该是不愿意堕入那死灭地狱的。但要从那种结局中把自己救出来，须得彻底反抗那种摧残文化的暴力，同时并须克服自己内心的苟且偷安、甘为顺奴的那种惰性。所以目前要救自己，便须得人人成为反帝、反封建的战士。目前的时代，或许会被人认为变例，其实无论处在任何时代，人人都须得自救。克服自己的暴力不以妄施于人，克服自己的惰力不甘受别人的横暴，这是每一个人对于自己的义务，同时也是对于社会的义务。所谓"自反而不缩，虽褐宽博吾不惴焉；自反而缩，虽千万人吾往矣"，[1]正是这种精神。有这种精神，才可以救济自己，更进而救济民族，救济人类。无论平时和乱时，每一个人对于自己所最难克服而且也最当克服的便是驯服于老衰现象的惰力吧。每一个人把青壮年时期一过，肉体的大部分官能便翻过抛物线的顶点走向老衰的下坡路。

这是每一个人所难免的自然惰力，几乎是绝对地不能克服的。但也非绝对地不能克服。在这儿精神的力量的确是可以克服肉体的衰残。这并不是神秘的唯心论，而是可以找出科学的根据的。便是人体的各种细胞组织中，发展的历程并不一致，凡是官能低级的组织，如筋肉系统，便发展快而早衰，官能高级的组织，如神经系统，却发展徐而后谢。伟大的人便能以后谢的精神力量统御早衰的肉体官能，绝不向老衰屈服。古今中外有不少伟大人物，他们直到老年都还能保存着他们的活动能力，那秘密就在这儿。一句话揭穿，这便是古人所说的“老当益壮”。孟子有句话说得好：“大人者不失其赤子之心者也”。[2]这句话如要免得被人专向消极方面去解释，似乎竟可以改说为“大人者不失其青年精神者也”。伟大人物便是永远的青年，他们不仅把老衰现象克服了，甚至连死亡现象都可以克服。他们的著书、传记、坟墓，都在发生着作用，真真是所谓“精神不死”。

老年人都须得青年化，青年人应该是没有问题的。然而世间上青年化的老人很少，而老人化的青年却偏偏多。就在我们自己的眼前，就已经有不少的青年是未老先衰了。这原因，一部分固由于青年自己的不努力，不自爱，或自暴自弃，而一大部分是由于老年人的管教错误。文化意识未觉醒的老年人不仅自己不思振作，反而倚老卖老，以老人的气习、生活、思想、行动来绳范青年；青年人在这种管束之下，有的不自觉地便驯致颓唐，有的却反拨地趋于堕落，就这样便断送了无数的青年。一个人老当益壮的精神强，那人必然伟大；一个人未老先衰的气象十足，那人必然腐败。一个民族，老当益壮的人多，那个民族也一定强；一个民族，未老先衰的人多，那个民族也一定弱。我们中国在前是大可以称为老人国的，积弱的原因一部分也就存在这儿。古时候我们中国的教育，差不多是把青年当罪人在看待。所谓“扑作教刑”，[3]把这个观念表示得非常明白。“不打不成人，打到做官人”，死的打活的，老的打小的，打出了做老爷的来呢，做老爷的又打做老百姓的，做老百姓的又打做老大老二的。万般皆是打，老气满中华。好多年辰以来，中国人实在是老衰得不堪了。你叫中国民族怎么能够强，中国文化怎么能够有进步呢？“五四”运动之所以成为新文化运动的分水岭，便是把老气的支配推翻了一大部分。“五四”运动以来，中国不是逐渐振作起来了吗？

我们且看那可以成为建筑材料的树木，只要那树木的种子是落在土壤肥沃的原野里，它能得到充分的阳光、空气、水分、养料，它在自然发育的状态中，必然成为参天的大木，极有用的建筑器材。人要加以管理，只要注意到阳光、空气、水分，养料的供给，或者为它排除昆虫或其他外来灾害，那树木的发育自然可以得到帮助而被促进。管理，只是助成，并不是拘束。假如把那同样的树苗，拿来种在庭园或花盆里，自幼加以无理的剪削、拳曲、束缚，使它成为一定的型，那树木便不能遂其自然的成长而成为畸形的物什。这些畸形的物什在某种意义上或者可以中观瞻，但不中实用。一旦畸形一被形成，即使加以解放，放还自然，也不能恢复它原有的树性。它是在无理的管束之下已经僵老。教育的意义和这林木的培植，应该没有两样。我们对于青年应该充分地给予营养资料，不时地对于外来灾害加以防护，让其自然发展，那他一定可以成为大器的。青年的精神便是向上的精神，没有本来就不自爱而自甘堕落的青年，除非是精神病患者。真正可以作为青年导师的，认真的说只有那永远不老的伟大的人。古人也有“人师”和“经师”的区别，所谓“经师易遇，人师难逢”。[4]经师是供给材料的技术家，人师是指导精神的领航者。职司教育的人，连易遇的技术家的责任都未能尽职，却往往爱以难逢的精神领港者自居，一般的青年能够被培植为盆栽小景，都要算是侥幸的了。孔夫子在中国的历史上终不失为一位伟大的教育家，他是“学而不厌，诲人不倦”，“不知老之将至”的人。他是负责的教育技术家，而同时又能“有教无类”，“因材施教”，是称职的精神领航者。他诚然有一个人格的规矩尺度，但他不必一定要把这种规矩尺度来绳范人，他说道："不得中行而与之，必也狂狷乎；狂者进取，狷者有所不为也。"[5]孔子能取狂狷，正是深切地了解青年气质的人。记得罗素也曾经有过类似的主张，是说青年的性质就骄傲一点也无妨事。青年的性质偏于进取，在老成者视之，自不免近于狂。青年的心地应洁白无染，有好些俗套的行为在所不屑，在世故者视之，自不免近于狷。狂与狷能够见容于孔子，这大约是现代的教育家所应该取法的吧。视青年为罪人的时代，在中国应该是老早的过去了，青年自己也应该以民族的主人、文化的创造者，自尊自重。

——选自《郭沫若全集》

【注释】

[1]语见《孟子·公孙丑上》。

[2]语见《孟子·离娄下》。

[3]语见《书·虞书·舜典》。

[4]语见《资治通鉴·汉纪》。

[5]语见《论语·子路》。

【赏析】

这篇写于1941年的文章是为庆祝青年节，追寻和倡导"五四"精神。在他看来青年的精神便是向上的精神、进取的精神，五四新文化运动的本质是文化的革新创造。一个国家只有摆脱像老舍所说"出窝老"的、保守的社会习惯，激起每一个人的"少年中国"的雄心，国家民族的前途才是可期冀的。否则，救民族，救人类，只能沦为空洞的夸言壮语。国家不富强，就会被人欺侮；民族不复兴，就无颜担当龙的传人。"五四"运动一方面反对人类社会的最大暴力——帝国主义，另一方面也反对中国本身的最大惰力——封建制度，在重塑国民精神上发挥了重大且持久的作用。我们的国家和民族在这一精神的指引下去实现中华民族的伟大复兴，就不是简单地追寻曾经的历史荣光,而是要让每一个国民都具有昂扬向上的青年精神,只有这样才能让中国这一曾经饱受列强欺侮的国家变为一个经济发展、政治昌明、文化繁荣、社会和谐的国度,实现到本世纪中叶成为富强、民主、文明、和谐的社会主义现代化国家的宏愿。(吴正平)

杨虎城

杨虎城(1893—1949),陕西蒲城人,著名抗日爱国将领,民族英雄。1911 年武昌起义爆发后,率众参加陕西民军与清军作战,投身辛亥革命。1915 年参加入讨伐袁世凯的陕西护国军,在华县、华阴等地截击袁军。1924 年任国民党第三军第三师师长,开始与共产党合作。1927 年参加国民革命军。1929 年任国民党第十七路军总指挥。1936 年 12 月 12 日,与张学良一起发动震惊中外的“西安事变”,逼蒋介石联共抗日,促使实现了全国统一抗日战线。后遭蒋介石长期囚禁,1949 年 9 月 6 日,被杀害于重庆中美合作所之戴公祠。2009 年 9 月 14 日,被评为 100 位为新中国成立作出突出贡献的英雄模范之一。

诗一首

(一九一五年十二月)

西北大风起,东南血战多。
风吹铁马动,还我旧山河。

——选自《诗刊》

【赏析】

此诗作于反北洋军阀头子袁世凯时期。诗的前两句借自然环境的描写来交代当时的社会环境和时代背景。“西北大风起”,时令已进入冬季，寒风凛冽，大风呼啸，由此可见当时的西北天气之恶劣，社会环境之险峻。就在此时，袁世凯准备称帝，云南督军蔡锷组织讨袁护国军，各省纷纷响应，反对袁世凯复辟称帝，维护民主共和制度。年仅22岁的杨虎城，义无反顾地率众参加了驱逐袁世凯的陕西护国军。“东南血战多”指的是东南方向的战事频繁。陕西军阀宣布独立，江浙军阀激战正酣，都刮起了妄图鲸吞祖国大好河山的狂风。后两句写正义之师闻风而动，奋起金戈铁马，纷纷讨伐。全国人民“还我旧山河”，恢复中华共和的呼声，也化为千军万马，杀向窃国复辟的一切反动派。这两句写得正义凛然，气壮山河，激昂慷慨，振奋人心，展现了一位爱国将领的理想抱负和宽大胸襟。杨虎城将军的一生，是爱国的一生。他由蒲城起事，反清抗暴，讨袁护法，转战关中，坚守西安，出师北伐，直到在中华民族危亡之际，呼吁抗战实行兵谏，与张学良发动了震惊中外的西安事变，从而结束了十年内战，促成了国共二次合作。他无私无畏、心系国魂的爱国主义精神，值得我们好好学习和发扬，不断激励海内外中华各族儿女为祖国的统一繁荣、民族的团结进步而努力奋斗。（金敏）

续范亭

续范亭(1893—1947),山西崞县人。早年加入孙中山领导的同盟会,"九一八"事变后,反对对日妥协,积极呼吁抗日,曾任山西新军总指挥、晋绥边区行署主任、晋绥军区司令员等职,是著名的爱国将领。1935年底,续范亭怀着对蒋介石卖国行径极为不满的心情登上了南京中山陵,拜谒了孙中山后举刀自戕,热望以自己的鲜血激发国民党,唤醒国人,团结一致,共同抗日。被人救起后,在他身上发现了这首《绝命诗》。1947年病逝,他在遗书中请求加入中国共产党,经中共中央批准,被追认为中国共产党正式党员。

绝命诗

赤膊条条任去留,丈夫于世何所求?
窃恐民气摧残尽,愿把身躯易自由。

——选自萧三主编《革命烈士诗抄》

【赏析】

这是一首用热血写就的浩气长存的英雄诗篇。"赤膊条条任去留,丈夫于世何所求?"意思是说一个赤条条来到世间的大丈夫,在此日寇横行、山河破碎之际,应以民族大义为重,敢于担当,勇赴国难,把拯救国家危亡和民族命运视为至高无上的历史使命,即使为它抛头颅,洒热血也在所不辞。舍此还有什么值得追求?然而就在这个时候，蒋介石提出了“攘外必先安内”的口号，国民党反动派消极抗日，积极反共，肆无忌惮地屠杀抗日爱国志士，以涣散民众的抗日意志，动摇民众的抗日决心。如果民众的抗日斗志和气势被摧残殆尽，那就只有沦为任人宰割的亡国奴。对此诗人忧心忡忡，产生了“窃恐民气摧残尽”的担心和忧虑。为了鼓舞民众的斗志，作者表示“愿把身躯易自由”，以警醒国民。诗人甘愿献出自己的鲜血与生命，去激发全国人民抗日救亡的民族精神和与敌人血战到底的坚强意志，争取民族的独立与复兴，去创造自由平等的幸福新生活。“愿把身躯易自由”乃画龙点睛之笔，表现了诗人凛然的民族大义与气节，坚定的理想与信念，崇高的人生观与价值观，揭示了诗的主旨，升华了诗的境界。（熊德彪）

毛泽东

毛泽东(1893—1976),字润之,笔名子任。湖南湘潭人。伟大的马克思主义者、无产阶级革命家、战略家和理论家,中国共产党、中国人民解放军和中华人民共和国的主要缔造者和领导人,独领风骚的伟大诗人、卓越的书法家,中国人民的伟大领袖和导师。1893 年 12 月 26 日生于湘潭县韶山冲一个农民的家里。在湖南第一师范求学时组织新民学会寻求改造中国的道路,五四时期在长沙创办《湘江评论》,次年在湖南创建共产主义组织。1921 年 7 月出席创立中国共产党的第一次全国代表大会。中共三大当选为中央执行委员,为中央主要领导者之一。国共合作时期,当选为国民党一大、二大中央候补执行委员,任宣传部代理部长、全国农民协会总干事,主持中央农民运动讲习所。1927 年蒋介石叛变革命,毛泽东到湘赣边领导秋收起义,创建工农革命军并率部上井冈山,建立了第一个农村革命根据地。曾任中共中央革命军事委员会副主席兼总政治部主任,中华苏维埃共和国临时中央政府主席等职。其间,同朱德领导的红一方面军先后粉碎了国民党的四次大规模军事“围剿”。后因王明“左”倾路线排斥他的正确领导,导致第五次反“围剿”失败,被迫开始长征。途中,遵义会议确立了毛泽东的领导地位,结束了王明路线的统治。红一、二、四方面军在陕北会师,开始了抗日救亡的新局面。1943 年 3 月,当选为中共中央政治局主席、中央书记处主席。抗战胜利后,领导中国人民经过三年解放战争推翻了国民党反动统治。新中国成立后担任党和国家领导人。领导中国人民同国内外穷凶极恶的敌人斗争，克服重重困难进行经济、文化、国防等多方面的建设，取得了举世瞩目的伟大成就。其主要著作有《毛泽东选集》《毛泽东书信选集》《毛泽东农村调查文集》《毛泽东新闻工作文选》和《毛泽东诗词选》等。

念奴娇·昆仑[1]

（一九三五年十月）

横空出世，[2]莽昆仑，阅尽人间春色。飞起玉龙三百万，[3]搅得周天寒彻。夏日消溶，江河横溢，人或为鱼鳖。[4]千秋功罪，谁人曾与评说？　　而今我谓昆仑：不要这高，不要这多雪。安得倚天抽宝剑，[5]把汝裁为三截？一截遗欧，一截赠美，一截还东国。[6]太平世界，环球同此凉热。

——选自《毛泽东诗词》

【注释】

[1]昆仑：我国最大的山脉之一，平均高度在海拔5000米以上，终年积雪。其主脉在新疆维吾尔自治区和西藏自治区交界处，东段分三支伸展。其南支向东延伸后与岷山相接，因而红军长征时所经过的岷山，也可以看作昆仑山的一个支脉。作者自注："昆仑：主题思想是反对帝国主义，不是别的。改一句：一截留中国，改为一截还东国。忘记了日本人是不对的。这样，英、美、日都涉及了。别的解释不合实际。"

[2]横空出世：横空，横亘在空中。出世，高出人世。形容山极高。

[3]作者原注：前人所谓"战罢玉龙三百万，败鳞残甲满天飞"，说的是飞雪。这里借用一句，说的是雪山。夏日登岷山远望，群山飞

舞，一片皆白。老百姓说，当年孙行者过此，都是火焰山，就是他借了芭蕉扇扇灭了火，所以变白了。

[4]人或为鱼鳖：人们也许要被洪水淹死。《左传·昭公元年》："微(没有)禹，吾其鱼乎！"

[5]倚天抽宝剑：传楚国宋玉作《大言赋》："方地为车，圆天为盖。长剑耿介，倚天之外。"倚天，形容宝剑极长和带剑的人极高大。

[6]还东国：东国，指中国、日本等东亚国家。这一句，首次发表时原作"留中国"，1963 年版《毛主席诗词》改为"还东国"。

【赏析】

1936 年 10 月，正是毛泽东率领工农红军经过二万五千里长征胜利到达陕北根据地，长征胜利结束，前景一片光明。《念奴娇·昆仑》就是红军翻越岷山时所作。全词分上下两阕。上阕写"昆仑"的高、大、长，写"昆仑"的利与弊。首三句点题，既写了昆仑由西向东，从帕米尔高原绵延至青藏高原、岷山群峰，莽莽苍苍，无穷无尽，横亘高天，超然人世，又"阅尽人间春色"的宏伟形象。次二句展示了冰雪之大、之美、之奇。句中用"飞起"、"搅得"等动态描写雪山，既生动形象，又有磅礴的气势和雷霆的声威。再次句写昆仑雪山的负面作用，给人民带来的水患灾难。尾二句发问，面对千万年昆仑山的功过是非，有谁给予评说呢？上阕诗人站在历史唯物主义和辩证唯物主义的高度，以象征的手法，对数千年的中国历史进行批评，既指出了它的丰功，也指出了它的罪过；既歌颂了它的伟绩，也揭示了它的不足与弊端；既表现了由衷的敬畏点赞，又袒露了除旧布新、兴利除害的担当大志。特别是由于帝国主义的侵略，中国人民陷入更加痛苦的境地。诗人急切地希望救民于水火，改变"江河横溢，人或为鱼鳖"的悲惨世界，建设一个"太平世界，环球同此凉热"的崭新世界。这是理想的宣言书，是改造山河的诗的誓词。此词的"中国梦"同他 10 年前在湘江边上所吟《沁园春·长沙》"问苍茫大地，谁主沉浮"的"中国梦”是一脉相承的。他的理想不仅仅是“复兴梦”，不仅仅是恢复大唐，回归唐汉，不仅仅是古代仁人志士的“大同世界”，而是要在中国和世界建立共同富裕，人人平等，没有压迫、没有剥削的新社会的人民大众之梦；亦如美国著名的东方学者、传记作家特利尔在所著《毛泽东传》中所言：《念奴娇·昆仑》写于“长征结束时，毛甚而面对群山又发灵感，将它视作超出中国自身革命之外的世界和平的象征”。

词的下阕，回应上阕，发议论抒情怀，指出了“改造中国与改造世界”实现“中国梦”的必由之路。前五句，是改造中国的，后三句是改造世界的，如何改造中国和世界呢？诗人回答曰：“安得倚天抽宝剑，把汝裁为三截？一截遗欧，一截赠美，一截还东国。”“抽宝剑”“裁”“昆仑”，是隐喻，是象征，即用武装的革命反对武装的反革命，从而打碎旧的反动的国家机器，建立人民当家做主的国家机器。这是马克思主义的圆梦之路和空想社会主义者或党内机会主义者的圆梦之路的根本分歧，正如毛泽东后来在《战争和战略问题》中所说：“革命的中心任务和最高形式是武装夺取政权，是战争解决问题。这个马克思列宁主义的革命原则是普遍地对的，不论在中国外国，一概都是对的。”为此，他领导中国人民同国内外的反动势力进行了多次反复的殊死的决战。每一次决战，都是“改造中国和世界”的大志、奇志、伟志的一次飞跃，都是“太平世界，环球同此凉热”梦想的一次突破。在谈到关于《念奴娇·昆仑》的主题时，他说“昆仑，主题思想是反对帝国主义，不是别的”“安得倚天抽宝剑，把汝裁为三截？一截遗欧，一截赠美，一截还东国。太平世界，环球同此凉热”。这就是“改造中国和世界”“反对帝国主义”的诗意描述。这里，把改造中国和改造世界联系在一起，把中国梦和世界梦联系在一起，两者的终极目的是一致的。“一截遗欧，一截赠美，一截还东国。”这是无产阶级的伟大胸怀远大目标的历史承诺。“太平世界，环球同此凉热”，是结句，是“诗眼”，是全词的灵魂，是中国梦的终极追求：没有剥削，没有压迫，公平，公正，平等，自由，幸福，全球“同此凉热”的共产主义社会。

全词上阕咏物、写景、托物寄兴，气势豪壮，纵承古今；下阕议论、抒怀，宏阔高远，胸纳万域，横贯中西。词中巧用象征，拟人，比喻，夸张等手法使全词色彩绚丽，气势宏伟，高山，巨人，奇思，美梦，伟词，浑然一体。首尾呼应，结构严密。展示了中国共产党人以天下为己任的崇高共产主义胸怀。（张永健）

沁园春·雪[1]

（一九三六年二月）

北国风光，千里冰封，万里雪飘。望长城内外，惟余莽莽；[2]大河上下，顿失滔滔。[3]山舞银蛇，原驰蜡象，[4]欲与天公试比高。须晴日，看红装素裹，分外妖娆。[5]

江山如此多娇，引无数英雄竞折腰。[6]惜秦皇汉武，略输文采；唐宗宋祖，稍逊风骚。一代天骄，成吉思汗，只识弯弓射大雕。俱往矣，数风流人物，还看今朝。

——选自《毛泽东诗词》

【注释】

[1]这首词作于红一方面军 1936 年 2 月由陕北准备东渡黄河进入山西省西部的时候。作者在 1945 年 10 月 7 日给柳亚子信中说，这首词作于“初到陕北看见大雪时”。作者自注：“雪：反封建主义，批判二千年封建主义的一个反动侧面。文采、风骚、大雕．只能如是，须知这是写诗啊！难道可以谩骂这一些人们吗？别的解释是错的。末三句，是指无产阶级。”

[2]莽莽：本指原野景物不很分明，这里指一片白茫茫。大河上下：黄河上下。河，古代专指黄河。

[3]顿失滔滔:这里指黄河因冰封而立刻消失滚滚的波浪。

[4]作者原注:原,指高原,即秦晋高原。

[5]看红装素裹,分外妖娆:红日和白雪互相映照,放眼望去好像穿着红色艳装的美女裹着白色外衣,格外娇媚。

[6]竞折腰:折腰,倾倒,躬着腰侍候。这里是说争相为江山社稷而奔走操劳。

【赏析】

1935年12月,毛泽东在陕北瓦窑堡所作《论反对日本帝国主义的策略》报告中宣称:我们中华民族有同自己的敌人血战到底的气概,有在自力更生的基础上光复旧物的决心,有自立于世界民族之林的能力。1936年2月,红一方面军东渡黄河奔赴抗日前线时,作者写下了这首诗,表达了他报告中所显示的民族自信、阶级自信和宏伟气魄。1945年毛泽东赴重庆谈判时,柳亚子向毛泽东"索句",即以此赠之,轰动山城,震撼全国。

全词分上下阕。上阕借景抒情,以北国高原雪景极力赞颂祖国山河之美。首三句,起笔恢宏,辽阔高远,用"千里""万里"修饰"冰封""雪飘",地阔天高,令人心开神阔。四、五、六、七句,用"望"承上启下,"长城内外""大河上下"之冰雪世界尽收诗人眼底;用"惟余莽莽",状写冰雪无边无际的辽阔,用"顿时滔滔"妙比冰雪骤变之神力。"长城"与"大河","内外"与"上下","莽莽"与"滔滔"相对举,把古与今、静与动、里与外交织在一起,展现了一副壮美、辽阔、博大、高远而丰富的静态美;八、九、十句,则展现了一副与之对应的动态美:"山"像"舞"动的"银蛇","原"像奔"驰"的"蜡像",飞奔狂舞,跃跃欲试,要与苍天比高下。不仅显示了群山高原的奔腾之"形",而且展示了其与苍天比高下、争胜负之"神",物因情而活,景由意而动,展示了北方冰雪世界一片龙腾虎跃的壮美奇景。十一、十二、十三句,"须晴日,看红装素裹,分外妖娆"。"须",是假定、假设,是想象,在红日照耀之下，冰雪世界又是另一番奇美景色：有如“红装素裹”的美人，更加娇媚动人。这里用拟人化的手法写出了祖国北方另一种罕世之美。上阕既写出了祖国的宏伟，又写出了祖国的艳丽，声情并茂，气象万千，美不胜收。

下阕议论抒怀。首二句用“江山如此多娇”承上阕“分外妖娆”而浓墨重彩“北国风光”之壮美；继而写自古以来无数英雄人物对祖国山河的“敬畏”。“折腰”，即弯腰致敬。尽管历史上有无数英雄人物立下了赫赫战功、辉煌业绩，但与祖国的宏伟多娇之美比较起来却极不相称，或相差甚远。接着用“惜”字承上启下，婉转地对几千年的封建主义进行了批判。诗人列举历史上五个“英雄”，即秦始皇、汉武帝、唐太宗、宋太祖、成吉思汗等功勋卓著的封建帝王，他们的功业对社会的进步曾有一定进步作用，他们是封建时代统治阶级的杰出代表。可“惜”他们只知武力治国，不懂“文治”安邦，在“文采”“风骚”即文治方面，不是“略输”，就是“稍逊”；即使像成吉思汗这样以武力征服欧亚的“一代天骄”，也是一个“只识弯弓射大雕”的一介武夫。这里是诗人对“两千年封建主义的一个反动侧面”的婉转批判。诗人曾说，“须知这是写诗啊！难道可以谩骂这些人们吗?”末三句，是说历史上的英雄人物都成过往烟云，而真正称得上是英雄的，即既有武功，又有文采的英雄，可以和祖国壮美山河比美的，还得看今天的无产阶级及其领导下的人民群众。这是中国共产党人的理想自信、道路自信的诗意表达，是中国共产党人“改造中国与世界”，实现“中国梦”的诗的宣言，也是毛泽东“人民是真正的英雄”的历史唯物主义英雄史观的形象再现。

全词上阕重在写景，下阕重在议论，写景议论两者相互映衬，相得益彰，将横的空间与纵的时间交织在一起，上阕视通万里、囊括祖国广阔壮美山河，下阕思接千载、纵论祖国历代英雄功过是非，内容丰富，结构缜密，既展现了祖国山河的壮美，又书写了中国古老的文明。此为该词第一特点；第二，描写与议论相结合，气势豪迈，生动形象，别具一格，令人心胸开阔，豪情满怀；第三，充满了革命的英雄主义和浪漫主义情怀，引人遐想，给人自信与力量。（张永健）

致蔡和森[1]等（节选）

（一九二〇年十二月一日）

和森兄子升[2]兄并转在法诸会友：

接到二兄各函，欣慰无量！……

现在分条说来。

（一）学会方针问题。[3]我们学会到底拿一种什么方针做我们共同的目标呢？子升信里述蒙达尔尼会议[4]对于学会进行之方针，说："大家决定会务进行之方针在改造中国与世界"。以"改造中国与世界"为学会方针，正与我平日的主张相合，并且我料到是与多数会友的主张相合的。以我的接洽和观察，我们多数的会友，都倾向于世界主义。试看多数人鄙弃爱国；多数人鄙弃谋一部分一国家的私利，而忘却人类全体的幸福的事；多数人都觉得自己是人类的一员，而不愿意更繁复地隶属于无意义之某一国家，某一家庭，或某一宗教，而为其奴隶，就可以知道了。这种世界主义，就是四海同胞主义，就是愿意自己好也愿意别人好的主义，也就是所谓社会主义。凡是社会主义，都是国际的，都是不应该带有爱国的色彩的。和森在八月十三日的信里说："我将拟一种明确的提议书，注重无产阶级专政与国际色彩两点。因我所见高明一点的青年，多带一点中产阶级的眼光和国家的色彩，于此两点，非严正主张不可"。除无产阶级专政一点置于下条讨论外，国际色彩一点，现在确有将它郑重标揭出来的必要。虽然我们生在中国地方的人，为做事便利起见，又因为中国比较世界各地为更幼稚更腐败应先从此着手改造起见，当然应在中国这一块地方做事；但是感情总要是普遍的，不要只爱这一块地方而不爱别的地方。这是一层。做事又并不限定在中国，我以为固应该有人在中国做事，更应该有人在世界做事。如帮助俄国完成它的社会革命；帮助朝鲜独立；帮助南洋独立；帮助蒙古、新疆、西藏、青海自治自决，都是很要紧的。以下说方法问题。

（二）方法问题。目的——改造中国与世界——定好了，接着发生的是方法问题，我们到底用什么方法去达到“改造中国与世界”的目的呢？和森信里说：“我现认清社会主义为资本主义的反映，其重要使命在打破资本经济制度，其方法在无产阶级专政”。和森又说：“我以为现世界不能行无政府主义，因在现世界显然有两个对抗的阶级存在，打倒有产阶级的迪克推多，[5]非以无产阶级的迪克推多压不住反动，俄国就是个明证，所以我对于中国将来的改造，以为完全适用社会主义的原理与方法。……我以为先要组织共产党，因为它是革命运动的发动者，宣传者，先锋队，作战部”。据和森的意见，以为应用俄国式的方法去达到改造中国与世界，是赞成马克思的方法的。而子昇则说：“世界进化是无穷期的，革命也是无穷期的，我们不认可以一部分的牺牲，换多数人的福利。主张温和的革命，以教育为工具的革命，为人民谋全体福利的革命。以工会合社为实行改革之方法。颇不认俄式——马克思式——革命为正当，而倾向于无政府——蒲鲁东式[6]——之新式革命，比较和而缓，虽缓然和。”同时李和笙兄来信，[7]主张与子升相同，李说：“社会改造，我不赞成笼统的改造，用分工协助的方法，从社会内面改造出来，我觉得很好。一个社会的病，自有它的特别的背景，一剂单方可医天下人的病，我很怀疑。俄国式的革命，我根本上有未敢赞同之处”。我对子升和笙两人的意见（用平和的手段，谋全体的幸福），在真理上是赞成的，但在事实上认为做不到。罗素在长沙演说，[8]意与子升及和笙同，主张共产主义，但反对劳农专政，谓宜用教育的方法使有产阶级觉悟，可不至要妨碍自由，兴起战争，革命流血。但我于罗素讲演后，曾和荫柏、礼容等有极详之辩论，[9]我对于罗素的主张，有两句评语，就是“理论上说得通，事实上做不到”。罗素和子升和笙主张的要点，是“用教育的方法”，但教育一要有钱，二要有人，三要有机关。现在世界，钱尽在资本家的手；主持教育的人尽是一些资本家或资本家的奴隶；现在世界的学校及报馆两种最重要的教育机关，又尽在资本家的掌握中。总言之，现在世界的教育，是一种资本主义的教育。以资本主义教儿童，这些儿童大了又转而用资本主义教第二代的儿童，教育所以落在资本家手里，则因为资本家有“议会”以制定保护资本家并防制无产阶级的法律；有“政府”执行这些法律，以积极地实行其所保护与所禁止；有“军队”与“警察”，以消极地保障资本家的安乐与禁止无产者的要求；有“银行”以为其财货流通的府库；有“工厂”以为其生产品垄断的机关。如此，共产党人非取政权，且不能安息于其宇下，更安能掌握得其教育权？如此，资本家久握教育权，大鼓吹其资本主义，使共产党人的共产主义宣传，信者日见其微。所以我觉得教育的方法是不行的。我看俄国式的革命，是无可如何的山穷水尽诸路皆走不通了的一个变计，并不是有更好的方法弃而不采，单要采这个恐怖的方法。以上是第一层理由。第二层，依心理上习惯性的原理及人类历史上的观察，觉得要资本家信共产主义是不可能的事。人生有一种习惯，是心理上的一种力，正与物在斜方必倾向下之为物理上的一种力一样。要物不倾向下，依力学原理，要有与它相等的一力去抵抗它才行。要人心改变，也要有一种与这心力强度相等的力去反抗它才行。用教育之力去改变它，既不能拿到学校与报馆两种教育机关的全部或一大部到手，虽有口舌、印刷物或一二学校报馆为宣传之具，正如朱子所谓“教学如扶醉人，扶得东来西又倒”，[10]直不足以动资本主义者心理的毫末，哪有回心向善之望？以上从心理上说。再从历史上说，人类生活全是一种现实欲望的扩张。这种现实欲望，只向扩张的方面走，决不向减缩的方面走，小资本家必想做大资本家，大资本家必要做成最大的资本家，是一定的心理。历史上凡是专制主义者，或帝国主义者，或军国主义者，非等到人家来推倒，决没有自己肯收场。有拿破仑第一称帝失败了，[11]又有拿破仑第三称帝。[12]有袁世凯失败了，偏又有段祺瑞。章太炎在长沙演说，劝大家读历史，谓袁段等失败均系不读历史之故。我谓读历史是智慧的事，求遂所欲是冲动的事，智慧指导冲动，只能于相当范围有效力，一出范围，冲动便将智慧压例，勇猛前进，必要到遇了比冲动前进之力更大的力，然后才可以将它打回。有几句俗话，“不到黄河心不死”，“这山望见那山高”，“人心不知足，得陇又望蜀”，均可以证明这个道理。以上从心理上及历史上看，可见资本主义是不能以些小教育之力推翻的，是第二层理由。再说第三层理由。理想固要紧，现实尤其要紧，用和平方法去达共产目的，要何日才能成功？假如要一百年，这一百年中宛转呻吟的无产阶级，我们对之如何处置（就是我们）。无产阶级比有产阶级实在要多得若干倍。假定无产者占三分二，则十五万万人类中有十万万无产者（恐怕还不止此数），这一百年中，任其为三分一之资本家鱼肉，其何能忍？且无产者既已觉悟到自己应该有产，而现在受无产的痛苦是不应该，因无产的不安而发生共产的要求，已经成了一种事实。事实是当前的，是不能消灭的，是知了就要行的。因此我觉得俄国的革命，和各国激进派共产党人数日见其多，组织日见其密，只是自然的结果。以上是第三层理由。再有一层，是我对于无政府主义的怀疑。我的理由却不仅在无强权无组织的社会状态之不可能，我只忧一到这种社会状态实现了之难以终其局。因为这种社会状态是定要造成人类死率减少而生率加多的，其结局必至于人满为患。如果不能做到（一）不吃饭，（二）不穿衣，（三）不住屋，（四）地球上各处气候寒暖和土地肥瘠均一，或是（五）更发明无量可以住人的新地，是终于免不掉人满为患一个难关的。因上各层理由，所以我对于绝对的自由主义，无政府的主义，以及德谟克拉西主义，[13]依我现在的看法，都只认为于理论上说得好听，事实上是做不到的。因此我于子升和笙二人的主张，不表同意。而于和森的主张，表示深切的同情。

……

弟泽东

九年十二月一日，文化书社，夜十二时

——选自《毛泽东书信选集》

【注释】

[1]蔡和森(1895—1931)：又名蔡林彬，湖南湘乡永丰镇(今属双峰县)人。早年同毛泽东等一起发起组织新民学会。1919 年赴法国勤工俭学，1921 年回国。曾任中共中央机关刊物《向导》周报主编、中央宣传部部长、中央委员、中央政治局委员。1931 年在广州牺牲。

[2]子升：即萧子升(1894—1976)，湖南湘乡人，新民学会发起人之一。当时在法国勤工俭学。1924 年回国后，曾任国民党北平市党务指导委员。1927 年国共分裂后，曾任国民党政府农矿部政务次长等职。

[3]学会：指新民学会，是由毛泽东和蔡和森、萧子升等发起，于 1918 年 4 月在湖南长沙成立的革命团体。毛泽东是实际负责人。学会最初的宗旨是“革新学术，砥砺品行，改良人心风俗”，后以“改造中国与世界”为方针。1920 年有一些会员加入了社会主义青年团，参加了在湖南建立共产党的活动。

[4]蒙达尔尼会议：指赴法勤工俭学的新民学会会员蔡和森、向警予、李维汉、蔡畅等 1920 年 7 月在法国蒙达尔尼(今译蒙塔尔纪)举行的一次会议。会议提出以“改造中国与世界”为学会的方针。

[5]迪克推多：意为专政、独裁。

[6]蒲鲁东(1809—1865)：法国资产阶级经济学家和社会学家，

无政府主义创始人之一。

[7]李和笙:即李维汉,又名罗迈。1918年参加新民学会的成立大会。1919年赴法国勤工俭学,1922年6月与赵世炎、周恩来发起组织旅法少年共产党,10月代表少年共产党回国接洽加入中国社会主义青年团。第二年1月加入中国共产党。本信中说到的李和笙关于“俄国式的革命,我根本上有未敢赞同之处”的意见,是他留法期间在探索革命道路过程中一度所持的看法,不久就改变了。1979年他在《回忆新民学会》一文中谈到1920年下半年自己的思想转变时说:“约在8月至9月的时间内,我有机会集中阅读了和森以‘霸蛮’精神从法文翻译过来的《共产党宣言》《社会主义从空想到科学的发展》《国家与革命》《无产阶级革命与叛徒考茨基》《共产主义运动中的“左派”幼稚病》和若干关于宣传十月革命的小册子。此外,我同和森做了多次长谈,涉及范围很广,包括欧洲革命斗争形势、俄国十月革命经验、布尔什维克与孟什维克的区别、共产国际的性质与任务、第三国际与第二国际的决裂等等内容。通过阅读和谈话,我深知只有走十月革命的道路才能达到‘改造中国与世界’的目的。”

[8]罗素(1872—1970):英国哲学家、社会活动家。1920年来中国讲学。同年10月曾到长沙讲演。

[9]荫柏:即彭璜,新民学会会员。当时是湖南俄罗斯研究会会计干事。礼容,即易礼容,新民学会会员。当时是长沙文化书社经理。

[10]参见程颢、程颐《二程集·河南程氏遗书》卷第十八。原文为:“与学者语,正如扶醉人,东边扶起却倒向西边,西边扶起却倒向东边,终不能得佗卓立中途。”后被朱熹收入《近思录·为学》,作:“与贤说话,却似扶醉汉,救得一边,倒了一边,只怕人执着一边。”

[11]拿破仑第一:即拿破仑·波拿巴(1769—1821),法国政治家和军事家,法兰西第一帝国和百日王朝皇帝。

[12]拿破仑第三：即路易·波拿巴（1808—1873），拿破仑一世之侄，法兰西第二帝国皇帝。

[13]德谟克拉西：意为民主、民主主义。

【赏析】

1920年7月，在法国勤工俭学的新民学会成员蔡和森、萧子升、向警予、李维汉（即李和笙）、蔡畅等在法国蒙达尼（今译蒙达尔纪）举行了一次会议，就新民学会的宗旨以及如何实现宗旨的方法、态度等问题进行了热烈的讨论。在实践宗旨的方法、道路上分裂为以蔡和森为首的走苏俄道路的激进派与以萧子升为首的改良主义的温和派。会后，蔡和森和萧子升分别给留在国内的新民学会的首脑毛泽东写了信，就如何“改造中国和世界”阐述了各自不同的观点。毛泽东看了他们的信后，结合中国的实际情况，回答了他们提出的问题。

全信有三部分，开头、主干、结尾。主干部分分别谈了六个问题。这里节选主干部分的第一、第二个问题。

第一个问题，指出“改造中国和世界”为学会的方针是“我平时的主张”，是多数会友的意见，并且说，这种“世界主义”就是“四海同胞主义”，就是愿意自己好也愿意别人好的“社会主义”；批评了狭隘的爱国主义思想，并对改造中国与世界的当前急需做的事情做了具体说明：帮助俄国完成社会主义革命、帮助朝鲜独立、帮助南洋独立，帮助蒙古、新疆、西藏、青海自治自决。

第二个问题，用何种方法实现“改造中国与世界”的方针。这是作者信中主要论述的观点。他赞成蔡和森“用俄国式的方法”的主张，对蔡和森“要先组织共产党，因为他是革命运动的发动者、宣传者、先锋队、作战部”的观点是“极赞成的”。对萧子升和李和笙的“温和的革命”“以教育为工具的革命”“以工会合社为改革的实行方法”，“否定‘俄国式的革命’的观点”是否定的。信中指出他们的观点和罗素的“主张共产主义”“反对劳农专政”，是“理论上说得通，事实上做不到”的，并说“俄国式革命是无产者”“山穷水尽诸路皆走不通了一个变计，并不是有更好的方法弃而不采，单要采这个恐怖的方法”，这是不得已而用之。这是第一层理由；第二层，从“心理上习惯性原理”和中外历史事实说明“资本主义是不能以些小教育之力推翻的”。第三层，从“现实”看，“俄国的革命”“各国激进派共产党人数日见其多，组织日见其密”，是“自然的结果”；第四层，“对无政府主义的怀疑”。最后，因上各层理由，认为“绝对的自由主义、无政府主义，以及德谟克拉西主义”都只是“理论上说得好听，事实上是做不到的”。因此，对子升与东笙的观点，“不表同意”，而对于蔡和森的主张，则“深切的赞同”。

这是一封回信，回答友人提出的问题，既是与友人讨论救国救民之路，又是对两种对立意见的表态。支持什么？反对什么？因此针对性很强，有的放矢是第一个特点。观点鲜明，孰对孰错，是是非非，甚为清楚明白，这是第二个特点；第三，逻辑清晰，层层递进，说理性强。比如对教育救国论等“温和革命”(即改良主义思想)的批驳就从四方面逐层否定，让人心服口服。最后旗帜鲜明地“深切赞同”蔡和森用“俄国式的方法”实现“改造中国和世界”的“中国梦”，而对萧子升、李和笙等的“温和革命”的主张，“不表同意”。(张永健)

致蔡和森[1]

（一九二一年一月二十一日）

和森兄：

来信于年底始由子升转到。[2]唯物史观是吾党哲学的根据，[3]这是事实，不像唯理观之不能证实而容易被人摇动。我固无研究，但我现在不承认无政府的原理是可以证实的原理，有很强固的理由。一个工厂的政治组织（工厂生产分配管理等），与一个国的政治组织，与世界的政治组织，只有大小不同，没有性质不同。工团主义以国的政治组织与工厂的政治组织异性，谓为另一回事而举以属之另一种人，不是故为曲说以冀苟且偷安，就是愚陋不明事理之正。况乎尚有非得政权则不能发动革命，不能保护革命，不能完成革命，在手段上又有十分必要的理由呢。你这一封信见地极当，我没有一个字不赞成。党一层，陈仲甫先生等已在进行组织。[4]出版物一层，上海出的《共产党》，[5]你处谅可得到，颇不愧“旗帜鲜明”四字（宣言即仲甫所为）。详情后报。

弟　泽东

十年一月二十一日在城南

——选自《毛泽东书信选集》

【注释】

[1]蔡和森：见前文注[1]

[2]子升：见前文注[2]

[3]吾党：指当时正在组建中的中国共产党。

[4]陈仲甫：即陈独秀（1879—1942），安徽怀宁人。五四运动后，接受和宣传马克思主义。1920 年 8 月组织中国共产党上海发起组，

积极进行建党活动，是中国共产党的主要创始人之一。在党成立后的最初六年中是党的主要领导人。在第一次国内革命战争后期，犯了严重的右倾投降主义错误。其后，对于革命前途悲观失望，接受托派观点，在党内成立小组织，进行反党活动，1929 年 11 月被开除出党。

[5]《共产党》：是中国共产党上海发起组 1920 年 11 月创办的刊物。

【赏析】

此文是毛泽东 1921 年 1 月 21 日致蔡和森的信。1920 年 9 月 16 日蔡和森由法国写信给毛泽东，信中论述了建立无产阶级专政，特别谈了要建立工人阶级自己的领导组织，以及如何建立共产党的意见，这是中国共产党人为了实现“改造中国和世界”的“中国梦”，而较早提出的建立共产党的主张。毛泽东在国内于年底收到蔡和森的信后，非常兴奋，立即于次年 1 月 21 日回信，高度评价蔡和森的来信及其建党主张。这是中国共产党建党史上的重要文献之一，也是中国人民寻梦圆梦革命道路上具有里程碑意义的书信。

全文不足四百字，却要言不烦，内容丰富，以极其简洁的语言旗帜鲜明地论述了中国早期马克思主义者寻梦圆梦的基本观点。第一，说“唯物史观是吾党哲学的根据”，指出我党的理论基础和指导思想是马克思主义的历史唯物主义，批评了当时盛行一时的无政府主义、工团主义为“苟且偷安”“愚陋不明事理”。第二，强调建立无产阶级专政的重要性，重申革命的根本问题是政权问题，指出“非得政权则不能发动革命，不能保护革命，不能完成革命”，而且“在手段上又有十分必要的理由”。第三，信中既阐明了自己的观点，又对蔡和森的建党理念给予高度称赞：你这一封信见地极当，我没有一个字不赞成。信中还告诉蔡和森等旅法同志：陈仲甫（即陈独秀）正在“进行组织”建党工作，上海出版的早期革命刊物《共产党》“颇不愧‘旗帜鲜明’”，并特别注其“宣言即仲甫所为”。这封信是在中国共产党正式建立之前六个月写的，由中可见毛泽东对党的理论基础、无产阶级专政（即政权）、党的宣传工作、党的领袖已有初步的设想了，说明毛泽东“改造中国与世界”的“中国梦”的构想已初步形成。（张永健）

为人民服务

（一九四四年九月八日）

我们的共产党和共产党所领导的八路军、新四军，是革命的队伍。我们这个队伍完全是为着解放人民的，是彻底地为人民的利益工作的。张思德同志就是我们这个队伍中的一个同志。[1]

人总是要死的，但死的意义有不同。中国古时候有个文学家叫做司马迁的说过：“人固有一死，或重于泰山，或轻于鸿毛。”[2]为人民利益而死，就比泰山还重；替法西斯卖力，替剥削人民和压迫人民的人去死，就比鸿毛还轻。张思德同志是为人民利益而死的，他的死是比泰山还要重的。

因为我们是为人民服务的，所以，我们如果有缺点，就不怕别人批评指出。不管是什么人，谁向我们指出都行。只要你说得对，我们就改正。你说的办法对人民有好处，我们就照你的办。“精兵简政”这一条意见，就是党外人士李鼎铭先生提出来的，[3]他提得好，对人民有好处，我们就采用了。只要我们为人民的利益坚持好的，为人民的利益改正错的，我们这个队伍就一定会兴旺起来。

我们都是来自五湖四海，为了一个共同的革命目标，走到一起来了。我们还要和全国大多数人民走这一条路。我们今天已经领导着有九千一百万人口的根据地，[4]但是还不够，还要更大些，才能取得全民族的解放。我们的同志在困难的时候，要看到成绩，要看到光明，要提高我们的勇气。中国人民正在受难，我们有责任解救他们，我们要努力奋斗。要奋斗就会有牺牲，死人的事是经常发生的。但是我们想到人民的利益，想到大多数人民的痛苦，我们为人民而死，就是死得其所。不过，我们应当尽量地减少那些不必要的牺牲。我们的干部要关心每一个战士，一切革命队伍的人都要互相关心，互相爱护，互相帮助。

今后我们的队伍里，不管死了谁，不管是炊事员，是战士，只要他是做过一些有益的工作的，我们都要给他送葬，开追悼会。这要成为一个制度。这个方法也要介绍到老百姓那里去。村上的人死了，开个追悼会。用这样的方法，寄托我们的哀思，使整个人民团结起来。

——选自《毛泽东选集》

【注释】

[1]张思德：四川仪陇人，中共中央警备团的战士。他在1933年参加红军，经历长征，负过伤，是一个忠实为人民服务的共产党员。1944年9月5日在陕北安塞县山中烧炭，因炭窑崩塌而牺牲。

[2]司马迁：中国西汉时期著名的文学家和历史学家，著有《史记》一百三十篇。此处引语见《报任少卿书》，原文是："人固有一死，或重于泰山，或轻于鸿毛。"

[3]李鼎铭(1881—1947)：陕西米脂人，开明绅士。他在1941年11月陕甘宁边区第二届参议会上提出"精兵简政"的提案，并在这次会议上当选为陕甘宁边区政府副主席。

[4]这是指当时陕甘宁边区和华北、华中、华南各抗日根据地所拥有的人口的总数。

【赏析】

1944年9月5日，八路军班长张思德因炭窑倒塌为抢救两位战友而不幸牺牲。毛泽东闻知这一噩耗时，当即流下了眼泪，并说："太可惜了，前方打仗死人是没办法的，后方生产劳动死人是不应该的。"

他指示：第一，尸体挖出来，洗干净，换上新衣服；第二，搞一口好棺材安葬；第三，开追悼会，我要参加，要讲话。在中央警备团追悼张思德的会上，毛泽东写的挽联是“向为人民利益而牺牲的张思德同志致敬”。《为人民服务》就是他在会上的演讲。全文不足千字，却从一个普通战士平凡而伟大的人生中论述了中国共产党人及其领导的八路军、新四军的理想境界、奋斗目标、信念追求：“完全”“彻底”地为人民服务；显示了中国共产党人相信群众、依靠群众，坚定不移的道路自信、理论自信以及官兵平等、军民一家的优良作风。

演讲开宗明义地说明中国共产党和它所领导的军队是革命的队伍，它的宗旨就是“为人民服务”。张思德就是忠实实践这一宗旨的一个同志。接着，借用古代圣贤司马迁名句论述生死意义的轻重之别，指出其衡量的标准是为谁服务，他说：“为人民利益而死，就比泰山还重；替法西斯卖力，替剥削人民和压迫人民的人去死，就比鸿毛还轻。”张思德是“为人民利益而死的”，因此，他的“死”比“泰山还要重”。第三自然段，由近及远，由小及大，论述“因为我们是为人民服务的”，“如果有缺点，就不怕别人批评指出”，“只要我们为人民的利益坚持好的，为人民的利益改正错的，我们这个队伍就会兴旺起来”。第四自然段，又从远及近，再由近及远进一步论述共产党人的理想宗旨、远大目标。并告诫我们的同志：“在困难的时候，要看到成绩，要看到光明，要提高我们的勇气”；“要奋斗就会有牺牲，死人的事是会经常发生的”，但是，我们想到理想、信念，想到人民的利益和痛苦，就“死得其所”。我们应当尽量地减少“不必要的牺牲”，我们的干部要关心每一个战士，一切革命队伍的人都要相互关心、爱护、帮助。最后，要求把“开追悼会”“成为一个制度”并且“要介绍到老百姓那里去”，以此寄托哀思，“使整个人民团结起来”。

这是一篇悼念一个普通的八路军战士、干部的悼词，也是一篇向全党、全军、全国人民宣传中国共产党及其领导的军队的理想、信仰的宣言。全文开门见山、深入浅出、由近及远、逐层深入，始终围绕中心命题不断展开，不断深化。语言朴实、简约、精炼，平中见深，既易为普通老百姓和普通战士所接受，又含义深刻、博大；巧妙运用司马迁的名言与李鼎铭“精兵简政”的意见，严丝合缝，自然贴切，不少名言警句已成为中国共产党人追梦、圆梦路上的座右铭或精神的号角。（张永健）

愚公移山

（一九四五年六月十一日）

我们开了一个很好的大会。我们做了三件事：第一，决定了党的路线，这就是放手发动群众，壮大人民力量，在我党的领导下，打败日本侵略者，解放全国人民，建立一个新民主主义的中国。第二，通过了新的党章。第三，选举了党的领导机关——中央委员会。今后的任务就是领导全党实现党的路线。我们开了一个胜利的大会，一个团结的大会。代表们对三个报告[1]发表了很好的意见。许多同志作了自我批评，从团结的目标出发，经过自我批评，达到了团结。这次大会是团结的模范，是自我批评的模范，又是党内民主的模范。

大会闭幕以后，很多同志将要回到自己的工作岗位上去，将要分赴各个战场。同志们到各地去，要宣传大会的路线，并经过全党同志向人民作广泛的解释。

我们宣传大会的路线，就是要使全党和全国人民建立起一个信心，即革命一定要胜利。首先要使先锋队觉悟，下定决心，不怕牺牲，排除万难，去争取胜利。但这还不够，还必须使全国广大人民群众觉悟，甘心情愿和我们一起奋斗，去争取胜利。要使全国人民有这样的信心：中国是中国人民的，不是反动派的。中国古代有个寓言，叫做

“愚公移山”。说的是古代有一位老人，住在华北，名叫北山愚公。他的家门南面有两座大山挡住他家的出路，一座叫做太行山，一座叫做王屋山。愚公下决心率领他的儿子们要用锄头挖去这两座大山。有个老头子名叫智叟的看了发笑，说是你们这样干未免太愚蠢了，你们父子数人要挖掉这样两座大山是完全不可能的。愚公回答说：我死了以后有我的儿子，儿子死了，又有孙子，子子孙孙是没有穷尽的。这两座山虽然很高，却是不会再增高了，挖一点就会少一点，为什么挖不平呢？愚公批驳了智叟的错误思想，毫不动摇，每天挖山不止。这件事感动了上帝，他就派了两个神仙下凡，把两座山背走了。现在也有两座压在中国人民头上的大山，一座叫做帝国主义，一座叫做封建主义。中国共产党早就下了决心，要挖掉这两座大山。我们一定要坚持下去，一定要不断地工作，我们也会感动上帝的。这个上帝不是别人，就是全中国的人民大众。全国人民大众一齐起来和我们一道挖这两座山，有什么挖不平呢？

昨天有两个美国人要回美国去，我对他们讲了，美国政府要破坏我们，这是不允许的。我们反对美国政府扶蒋反共的政策。但是我们第一要把美国人民和他们的政府相区别，第二要把美国政府中决定政策的人们和下面的普通工作人员相区别。我对这两个美国人说：告诉你们美国政府中决定政策的人们，我们解放区禁止你们到那里去，因为你们的政策是扶蒋反共，我们不放心。假如你们是为了打日本，要到解放区是可以去的，但要订一个条约。倘若你们偷偷摸摸到处乱跑，那是不许可的。赫尔利已经公开宣言不同中国共产党合作，[2]既然如此，为什么还要到我们解放区去乱跑呢？

美国政府的扶蒋反共政策，说明了美国反动派的猖狂。但是一切中外反动派的阻止中国人民胜利的企图，都是注定要失败的。现在的世界潮流，民主是主流，反民主的反动只是一股逆流。目前反动的逆流企图压倒民族独立和人民民主的主流，但反动的逆流终究不会变为主流。现在依然如斯大林很早就说过的一样，旧世界有三个大矛盾：第一个是帝国主义国家中的无产阶级和资产阶级的矛盾，第二个是帝国主义国家之间的矛盾，第三个是殖民地半殖民地国家和帝国主义宗主国之间的矛盾。这三种矛盾不但依然存在，而且发展得更尖锐了，更扩大了。由于这些矛盾的存在和发展，所以虽有反苏反共反民主的逆流存在，但是这种反动逆流总有一天会要被克服下去。

现在中国正在开着两个大会，一个是国民党的第六次代表大会，一个是共产党的第七次代表大会。两个大会有完全不同的目的：一个要消灭共产党和中国民主势力，把中国引向黑暗；一个要打倒日本帝国主义和它的走狗中国封建势力，建设一个新民主主义的中国，把中国引向光明。这两条路线在互相斗争着。我们坚决相信，中国人民将要在中国共产党领导之下，在中国共产党第七次大会的路线的领导之下，得到完全的胜利，而国民党的反革命路线必然要失败。

——选自《毛泽东选集(第三卷)》

【注释】

[1]指在中国共产党第七次全国代表大会上，毛泽东所作的政治报告，朱德所作的军事报告和刘少奇所作的关于修改党章的报告。

[2]赫尔利(1883—1963)：美国共和党人。他在1944年11月底被任命为美国驻中国大使，因支持蒋介石的反共政策而受到中国人民的坚决反对，于1945年11月被迫宣布离职。1945年4月2日他在华盛顿国务院记者招待会上的谈话中，公开宣言不同中国共产党合作。参见毛泽东选集第三卷《赫尔利和蒋介石的双簧已经破产》和《评赫尔利政策的危险》。

【赏析】

此文是毛泽东于1945年6月11日在中国共产党第七次全国代表大会上所作的闭幕词。中共七大是世界反法西斯战争和中国人民抗日战争即将取得最后胜利的前夕召开的。当时中国国民党也在召开第六次代表大会。两个大会有完全不同的目的,一个要打倒日本帝国主义和它的走狗中国封建势力,建立新民主主义的中国,把中国引向光明;一个要消灭共产党和民主势力,把中国引向黑暗。因此,这篇讲话,在中国人民寻梦、圆梦的伟大革命实践中有着特别重要的作用。

首先,文章开门见山,肯定中共七大是"一个很好的大会",做了三件事,解决了党的路线问题,是一个胜利的大会、团结的大会。第二部分,号召宣传大会的路线,让全国人民"甘心情愿"和中国共产党一起奋斗,学习古代"愚公移山""挖山不止"的精神,挖掉帝国主义、封建主义两座大山。这一部分,特别强调"上帝不是别人,就是全中国的人民大众"。第三部分,揭露以美国政府为首的反共"逆流"的阴谋,指出这种反民主主义的反动"逆流""总有一天要被克服下去"。结尾与开头相呼应,用共产党"七大"和国民党"六大"的鲜明对比,论述两个会议截然不同的路线、不同的目标,必然有不同的结果。

全文高屋建瓴,文气贯通,亲切平易,充满道路自信、理论自信。用"愚公移山"的故事阐述中国共产党人和"全国人民大众一齐起来"实现"移山"的"中国梦",深入浅出,生动形象,启迪性很强,又为人们所欣然接受,是古为今用的典范,是毛泽东"改造中国与世界"理想的形象化的诗意表述。全文夹叙夹议,逻辑性很强,政策界限严密(如第一要把美国人民和他们的政府相区别,第二要把美国政府中决定政策的人们和下面的普通工作人员相区别等等)。语句平实,却深刻有力,有不少格言式的语句为人民群众所广泛运用。(张永健)

中国人民站起来了

（一九四九年九月二十一日）

诸位代表先生们，全国人民所渴望的政治协商会议现在开幕了。

我们的会议包括六百多位代表，代表着全中国所有的民主党派，人民团体，人民解放军，各地区，各民族和国外华侨。这就指明，我们的会议是一个全国人民大团结的会议。

这种全国人民大团结之所以能够成功，是因为我们战胜了美国帝国主义所援助的国民党反动政府。在三年多的时间内，英勇的世界上少有的中国人民解放军，战胜了美国援助的国民党反动政府所有的数百万军队的进攻，并使自己转入反攻和进攻。现在，数百万人民解放军的野战军已经打到接近台湾，广东，广西，贵州，四川和新疆的地区去了，中国人民的大多数已经获得了解放。在三年多的时间内，全国人民团结起来，援助人民解放军，反对了自己的敌人，取得了基本的胜利。在这个基础上，召开了今天的人民政治协商会议。

我们的会议之所以称为政治协商会议，是因为三年以前我们曾和蒋介石国民党一道开过一次政治协商会议。那次会议的结果是被蒋介石国民党及其帮凶们破坏了，但是已在人民中留下了不可磨灭的印象。那次会议证明，和帝国主义的走狗蒋介石国民党及其帮凶们一道，是不能解决任何有利于人民的任务的。即使勉强地做了决议也是无益的，一待时机成熟他们就要撕毁一切决议，并以残酷的战争反对人民。那次会议的唯一收获是给了人民以深刻的教育，使人民懂得：和帝国主义的走狗蒋介石国民党及其帮凶们决无妥协的余地，或者是推翻这些敌人，或者是被这些敌人所屠杀和压迫，二者必居其一，其他的道路是没有的。中国人民在中国共产党的领导之下，在三年多的时间内，很快地觉悟起来，并且把自己组织起来，形成了全国规模的反对帝国主义、封建主义、官僚资本主义及其集中的代表者国民党反动政府的统一战线，援助人民解放战争，基本上打倒了国民党反动政府，推翻了帝国主义在中国的统治，恢复了政治协商会议。

现在的中国人民政治协商会议是在完全新的基础之上召开的，它具有代表全国人民的性质，它获得全国人民的信任和拥护。因此，中国人民政治协商会议宣布自己执行全国人民代表大会的职权。中国人民政治协商会议在自己的议程中将要制定中国人民政治协商会议的组织法，制定中华人民共和国中央人民政府的组织法，制定中国人民政治协商会议的共同纲领，选举中国人民政治协商会议的全国委员会，选举中华人民共和国中央人民政府委员会，制定中华人民共和国的国旗和国徽，决定中华人民共和国国都的所在地以及采取和世界大多数国家一样的年号。

诸位代表先生们，我们有一个共同的感觉，这就是我们的工作将写在人类的历史上，它将表明：占人类总数四分之一的中国人从此站立起来了。中国人从来就是一个伟大的勇敢的勤劳的民族，只是在近代是落伍了。这种落伍，完全是被外国帝国主义和本国反动政府所压迫和剥削的结果。一百多年以来，我们的先人以不屈不挠的斗争反对内外压迫者，从来没有停止过，其中包括伟大的中国革命先行者孙中山先生所领导的辛亥革命在内。我们的先人指示我们，叫我们完成他们的遗志。我们现在是这样做了。我们团结起来，以人民解放战争和人民大革命打倒了内外压迫者，宣布中华人民共和国的成立了。我们的民族将从此列入爱好和平自由的世界各民族的大家庭，以勇敢而勤劳的姿态工作着，创造自己的文明和幸福，同时也促进世界的和平和自由。我们的民族将再也不是一个被人侮辱的民族了，我们已经站起来了。我们的革命已经获得全世界广大人民的同情和欢呼,我们的朋友遍于全世界。

我们的革命工作还没有完结,人民解放战争和人民革命运动还在向前发展,我们还要继续努力。帝国主义者和国内反动派决不甘心于他们的失败,他们还要作最后的挣扎。在全国平定以后,他们也还会以各种方式从事破坏和捣乱,他们将每日每时企图在中国复辟。这是必然的,毫无疑义的,我们务必不要松懈自己的警惕性。

我们的人民民主专政的国家制度是保障人民革命的胜利成果和反对内外敌人的复辟阴谋的有力的武器,我们必须牢牢地掌握这个武器。在国际上,我们必须和一切爱好和平自由的国家和人民团结在一起,首先是和苏联及各新民主国家团结在一起,使我们的保障人民革命胜利成果和反对内外敌人复辟阴谋的斗争不致处于孤立地位。只要我们坚持人民民主专政和团结国际友人,我们就会是永远胜利的。

人民民主专政和团结国际友人,将使我们的建设工作获得迅速的成功。全国规模的经济建设工作业已摆在我们面前。我们的极好条件是有四万万七千五百万的人口和九百六十万平方公里的国土。我们面前的困难是有的,而且是很多的,但是我们确信:一切困难都将被全国人民的英勇奋斗所战胜。中国人民已经具有战胜困难的极其丰富的经验。如果我们的先人和我们自己能够渡过长期的极端艰难的岁月,战胜了强大的内外反动派,为什么不能在胜利以后建设一个繁荣昌盛的国家呢?只要我们仍然保持艰苦奋斗的作风,只要我们团结一致,只要我们坚持人民民主专政和团结国际友人,我们就能在经济战线上迅速地获得胜利。

随着经济建设的高潮的到来,不可避免地将要出现一个文化建设的高潮。中国人被人认为不文明的时代已经过去了,我们将以一个具有高度文化的民族出现于世界。

我们的国防将获得巩固,不允许任何帝国主义者再来侵略我们的国土。在英勇的经过了考验的人民解放军的基础上，我们的人民武装力量必须保存和发展起来。我们将不但有一个强大的陆军，而且有一个强大的空军和一个强大的海军。

让那些内外反动派在我们面前发抖吧，让他们去说我们这也不行那也不行吧，中国人民的不屈不挠的努力必将稳步地达到自己的目的。

在人民解放战争和人民革命中牺牲的人民英雄们永垂不朽！

庆贺人民解放战争和人民革命的胜利！

庆贺中华人民共和国的成立！

庆贺中国人民政治协商会议的成功！

——选自《毛泽东选集》

【赏析】

1949年9月，中国共产党领导的中国人民解放军在全国人民的全力支持下，经过三年多的解放战争，战胜了美帝国主义所援助的国民党反动政府及数百万武器精良军队的进攻，并且由反攻到进攻，进而解放了全国绝大部分国土，“取得了基本的胜利”，即将建立新中国、新政府。此文就是在中华人民共和国开国大典前举行的中国人民政治协商会议第一届全体会议上的开幕词，标志着中国人民寻梦、追梦、圆梦进入了一个崭新的历史阶段。实现了近现代以来中国人民的第一个梦想：中国人民站起来了。

开幕词由三部分组成。第一部分讲述今天的“政治协商会议”得以召开，是人民解放战争和人民革命胜利的结果，它“是在完全新的基础之上召开的，它具有代表全国人民的性质”。它将“执行全国人民代表大会的职权”，宣告中华人民共和国的成立，要制订中华人民共和国的各种各样法律法规，要选举国家领导人，要制订新中国的国旗国徽、决定首都所在地和采用世界大多数国家一样的年号。第二部分论述四个主要问题：第一指出“我们的工作”的“历史意义”：“占人类总数四分之一的中国人从此站立起来了”。“我们的民族将再也不是一个被人侮辱的民族了”,“我们的朋友遍于全世界”。第二,指出“我们的革命工作还没有完结”,“还要向前发展”,帝国主义者和国内外反动派“每日每时企图在中国复辟”,“我们务必不要松懈自己的警惕性”。第三,论述人民民主专政的国家制度及其对内对外的职能以及它和团结国际友人在“建设工作”中的重要作用。第四,“保持艰苦奋斗的作风”是建设“繁荣、昌盛”国家的根本保证。第五,就经济建设、文化建设、国防建设阐述了美好的构想。最后赞颂“中国人民”“不屈不挠”的革命精神,人民英雄、人民烈士永垂不朽;庆祝人民解放战争和人民革命的胜利、人民共和国成立、人民政治协商会议的成功。

这篇开幕词有如下一些特点:第一,总结历史,承上启下,继往开来,对中国人民的革命斗争特别是辛亥革命以来的历史进行了简明扼要的总结,说明中国人民只有在共产党领导下打倒国民党反动派、推翻帝国主义在中国的统治,中国人民才能站起来。第二,简明扼要地说明本次会议的性质、任务、意义,又有重点地论述了人民民主主义专政在新中国建设中的重要作用。第三,结尾高瞻远瞩对新中国的经济建设、文化建设、国防建设提出了美好的构想,具有鼓舞人心,振奋精神的作用。第四,全文气势磅礴,将中国与世界,历史与现实融为一体,胸怀祖国,放眼全球,展望未来,给人以无限鼓舞和前进的动力。这是中国无产阶级寻梦、圆梦征途上的具有里程碑意义的经典文献。(张永健)

邓中夏

邓中夏(1894—1933),湖南宜章人。早年在北京大学学习时与李大钊等组织马克思学说研究会,中国共产党早期组织的发起人之一,在中共第二次代表大会上当选为中央委员,参与组织领导省港大罢工和南昌起义。我党早期杰出的领导人、卓越的工运领袖、著名的革命学者和理论家。1933年在上海被捕后,蒋介石不惜以10万大洋引渡至南京,软硬兼施,但他毫不动摇,在雨花台英勇就义。

胜　利

哪有斩不除的荆棘?
哪有打不死的豺狼?
哪有推不倒的山岳?
你只需奋斗着,
猛勇地奋斗着;
持续着,
永远地持续着。
胜利就是你的了!
胜利就是你的了!

——选自《诗刊》

【赏析】

作为我党早期卓越的领导人和杰出的革命理论家，邓中夏深知，在当时的中国，革命道路上荆棘丛生，建立民主富强，繁荣昌盛的新中国，绝非易事。但革命者决不能被反革命的气焰和眼前的艰险吓倒，为了警醒国民，激励民众，诗人以如椽之笔开篇写道："哪有斩不除的荆棘？哪有打不死的豺虎？哪有推不翻的山岳？"这组排比句大气磅礴，显示了革命人士排山倒海的气势，摧枯拉朽的伟力和稳操胜券的自信。在此基础上，作者进一步指出，只要我们"猛勇地奋斗着""永远地持续着"，革命就一定会胜利，振兴中华的梦想就一定会实现。诗的结尾连用两句"胜利就是你的了！"进一步强化了革命人民的强大力量和革命必胜的坚定信念。这首诗是划破漫漫黑夜的一道闪电，响彻沉寂神州的一声惊雷。为什么诗人在牺牲之前仍有如此坚定的共产主义信仰？让我们听听烈士自己的回答："敌人只能伤害我们的肉体，却不能动摇我们的革命意志，更不能动摇我们忠于马列主义。就是把邓中夏的骨头烧成灰，邓中夏还是共产党员。"（朱喜国）

蔡和森

蔡和森(1895—1931),湖南双峰县人,中国共产党早期杰出的领导人和卓越的工运领袖。早年在长沙与毛泽东发起组织新民学会,后到法国勤工俭学,与周恩来等筹组旅欧中国共产党的早期组织。回国后曾主编中共中央机关报《向导》,参与领导“五卅”运动。中共中央政治局委员。1931年被叛徒出卖,英勇牺牲。

诗一首

君不见,武王伐纣汤伐桀,革命功劳名赫赫。
又不见,詹姆斯被民众弃,查理士死民众手。[1]
路易十四招民怨,路易十六终上断头台。[2]
俄国沙皇尼古拉,偕同妻儿伴狗死。[3]
民气伸张除暴君,古今中外率如此。
能识时务为俊杰,莫学冬烘迂夫子。

——选自萧三主编《革命烈士诗抄续编》

【注释】

[1]詹姆斯:詹姆斯一世,英国国王,强化君主专制,为民所弃。查理士:查理一世,詹姆斯一世之子,英国国王,对抗国会,打击新兴工商业,引起英国资产阶级革命,被国会判处死刑。

[2]路易十四:法国国王,自称“朕即国家”,实行专制统治,引发

农民起义。路易十六：法国国王，极力绞杀革命，引起资产阶级反抗，被送上断头台处死。

[3]尼古拉：尼古拉二世，俄国最后一个沙皇，十月革命后被枪杀。

【赏析】

这首诗是蔡和森同志五四运动前创作的。当时的中国黑夜沉沉，军阀混战，积贫积弱，如何才能走向光明和富强？作者从回顾中国和世界发展的历史进程入手，认识到人民群众是真正的英雄，人民革命是历史发展不可抗拒的潮流。他首先用“君不见”从中国古代说起，几千年前的中国，“武王伐纣汤伐桀，革命功劳名赫赫”。意思是说，周武王伐纣、商汤伐桀，推动了社会向前发展，立下了赫赫的“革命功劳”，用以唤醒血脉中流淌着老祖宗反抗压迫、革故鼎新遗传基因的炎黄子孙的革命意识。紧接着作者用“又不见”从世界范围内，选择了五位有代表性的外国君王，“被民众弃”“死民众手”“终上断头台”的可悲结局，更进一步证明了人民革命力量的强大和势不可挡。在此基础上诗人总结出一条人类社会发展的历史规律：“民气伸张除暴君，古今中外率如此。”诗人激励自己，警醒民众要“识时务”，抓时机，投身到除去暴君、推翻暴政，消灭剥削压迫，人人自由平等的时代革命大潮中去，千万“莫学冬烘迂夫子”，贻误战机，贻害革命。这首诗立意高远，直抒胸臆，气势磅礴，语言铿锵，是投向一切黑暗暴政、鼓舞人民大众摧毁旧世界，开创新天地，实现强国梦的精神原子弹。（熊德彪）

少年行
——北上过洞庭湖有感

大陆龙蛇起，乾坤一少年。[1]
乡国骚扰尽，风雨送征船。[2]
世乱吾自治，为学志转坚。[3]
从师万里外，访友人文渊。[4]
匡复有吾在，与人撑巨艰。[5]
忠诚印寸心，浩然充两间。[6]
虽无鲁阳戈，庶几挽狂澜。[7]
凭舟衡国变，意志鼓黎元。[8]
潭州蔚人望，洞庭证源泉。[9]

——蔡和森著《蔡和森文集》

【注释】

[1]首句：指当时国内各种派系的政治力量正展开激烈斗争。乾坤：天地。

[2]乡国：指湖南。骚扰：指军阀扰乱地方、迫害人民。

[3]第三句：承上句，犹《诗经·风雨》篇中所说"风雨如晦，鸡鸣不已"，言国内的政局虽然混乱，但我自是清醒地从事学问。

[4]此句讲作者去北京访问他的老师杨昌济先生。人文渊：指北京是人文汇聚的地方。

[5]与人撑巨艰：言与同志共同担负革命的艰巨任务。

[6]浩然充两间：言浩然正气充塞于天地之间。浩然，指正义感。两间，天地间。

[7]鲁阳戈：《淮南子》里说，鲁阳公跟韩国军队作战，到太阳落山

时，他用戈一挥，太阳倒退了三舍(一舍为三十里)。后人用鲁阳挥戈指使敌人倒退。挽狂澜：源于韩愈文“挽狂澜于既倒”，指要把国内军阀所造成的战乱平定下来。

[8]衡国变：衡量国内的变乱。黎元：人民，百姓。

[9]潭州：指长沙。蔚人望：蔚，蔚然，状丰盛繁茂。这句当指毛泽东同志领导的“新民学会”，人才济济，为青年所仰望。后半句：从洞庭湖的浩渺广大证明它的源泉深远众多，这句当指“新民学会”等湖南进步思想取得众多青年的仰望，有深厚的群众基础。

【赏析】

《少年行》写于1918年6月，那时毛泽东和蔡和森在湖南青年中倡导和组织法国勤工俭学运动，并与长沙新民学会会员共同商议，提议由蔡和森先到北京去了解情况和取得联络。蔡和森在这一年六月下旬从长沙乘船到武汉，然后转坐火车去北京，办理相关事宜，以深入了解俄国和欧洲革命的真实情况。蔡和森途经洞庭湖时，忽遇狂风骤雨。他瞭望湖面上汹涌的波涛，联想到祖国的现状与未来，即景抒怀，写下了这首气势磅礴的五言诗。

“大陆龙蛇起，乾坤一少年。乡国骚扰尽，风雨送征船。”诗歌开头即慷慨陈词，言明志向，诗人在国家纷乱复杂的局势中立意扭转乾坤，匡扶社稷。他将此次北京之行看做是征途的开始，打算求教于师友，联络有生力量，“世乱吾自治，为学志转坚。从师万里外，访友人文渊”表明诗人此时踌躇满志的心情。蔡和森虽然忧心于中国混乱的现状，面对“巨艰”“无鲁阳戈”，与“满目狂澜”的困难局势，表现出的却不是苟安与退缩，而是愈战愈勇的高昂情绪和顽强坚韧的斗争精神。诗歌结尾四句，呼应开头，再次抒发“鼓黎元”的理想，诗人坚信以身边新民会成员为代表，中国将会兴起更多志同道合之人，形成不可遏制的改天换地的力量！蔡和森以其36岁短暂的一生和卓越的历史贡献，实践了他的强国之梦，今人读到这首诗时，仿佛仍能看

到作者激昂文字、意气风发的形象。(张争艳)

蔡林彬给毛泽东的信(节选)

(一九二〇年九月十六日)

共产党之重要讨论

润之兄:

上月寄一长信,大要系主张马克思主义及俄式革命,而注重于组织共产党。今子升回国,再陈其略。我以为现在世界显然为两个敌对的阶级世界,学说亦显然划了鸿沟。自柏拉图统御以来的哲学思想,(人生哲学,社会哲学)显然为有产阶级的思想。其特点重理想轻生活,重精神轻物质。马克思主义的唯物史观,显然为无产阶级的思想。以唯物史观为人生哲学社会哲学的出发点。结果适与有产阶级的唯理派相反,故我们今日研究学问,宜先把唯理观与唯物观分个清楚,才不至堕入迷阵。……你看中国今日所发生的问题,哪一种能在现社会现制度下解决?所以中国的社会革命,一定不能免的。不趁此时加一番彻底的组织,将来流血恐怖自然比有组织要狠些。有了强有力的组织,或者还可以免掉。所以我认为党的组织是很重要的。组织的步骤:(1)结合极有此种了解及主张的人,组织一个研究宣传的团体及出版物。(2)普遍联络各处做一个要求集会、结社、出版自由的运动,取消治安警察法及报纸条例。(3)严格地物色确实党员,分布各职业机关,工厂、农场、议会等处。(4)显然公布一种有力的出版物,然后明目张胆正式成立一个中国共产党。现在组织研究宣传部之外,更可组织一调查统计部,研究宣传部调查统计部与出版物三者现在可打成一片而潜在从事。比如我在外国可调查俄国及各国的情形,你在国内可调查各省情形,将人口、地土、产业、交通、劳动状况、经济、教育等列为统计，此种材料与研究的著作，皆在一种出版物上发表，出版物又需组织一个审查会。凡游移不定的论说与主义矛盾的东西，皆不登载。

没有纸了，我的意见一时不能写完，再拢统说几句：我以世界革命运动自俄革命成功以来已经转了一个大方向，这方向就是“无产阶级获得政权来改造社会”。不懂的人以为无产阶级专政是以暴易暴的，不知列宁及万国共产党已再三宣言，专政是由资本主义变到共产主义过渡时代一个必不可少的办法。等到共产主义的社会组织世界组织完成了，阶级没有了，于是政权与国家一律取消。故现在各国的无政府主义党与工团的见到了的份子，业已改了倾向，我不信这种倾向会错的。无政府党最后的理想我以为列宁与他无二致。不过要做到无政府的地步，我以为一定要经俄国现在所用的方法。试问政权不在手，怎样去改造社会？怎样去组织共产主义的生产与消费？最大的错误，就是他们以为迟一点就会了，殊不知迟一点儿资本家的大战又起了，伏尸流血又不知几千百万，而战死与破产及生活昂贵的大祸，都是无产阶级受了，战胜的中产阶级又不知道要得到好多的赔款和殖民地，而战胜的国际的托拉斯的组织（指国际联盟）将越发巩固，工人真是动也动不得了！第二次资本家的大战战场必在中国。我们还不应准备么？

叔衡、惇元、殷柏、启民、章甫，均此。

彬。九月十六日。

——蔡和森著《蔡和森文集》

【赏析】

蔡和森是中国共产党早期卓越的领导人之一，是我党杰出的理论家、宣传家。他很早就接受了马克思列宁主义，坚持走俄国十月革命的道路，对于中国共产党的建立从思想上、组织上作出了重大贡献。1920 年 9 月 16 日写给毛泽东的这封信即阐述了建设中国共产党的重要思想。蔡和森此时正在法国勤工俭学，通过身体力行的调查、深入细致的分析形成了较为系统的认识，信中提出了马克思的唯物论是共产党的理论武器，说明蔡和森充分重视党的思想建设。通过考察英法美尤其是俄国政治革命后，蔡和森深刻分析了建设中国共产党组织的重要性，并详细提出了建党的详细步骤：首先“组织一个研究宣传的团体及出版物”，其次“联络各处做一个要求集会、结社、出版自由的运动，取消治安警察法及报纸条例”“严格地物色确实党员”，然后“明目张胆正式成立一个中国共产党”。信件还反复强调共产党的领导方针，必须要领导无产阶级专政来获得政权、改造社会。可见蔡和森在中国共产党正式建立之前，在思想上很明确地提出了他的建党思想，显示了他较高的马列主义的思想水平。蔡和森是国家富强、人民幸福的追梦者，他的理论探索启示我们，建设有中国特色的社会主义，必须要通过实际调查不断提高对社会主义的科学认识水平，理论联系实际，才能实现富强民主的中国梦。（张争艳）

恽代英

恽代英(1895—1931),原籍江苏武进,生于湖北武汉,是武汉地区“五四运动”主要领导人之一。1915年参加新文化运动,1921年加入共产党。1923年被选为中国共产主义青年团中央执行委员,任宣传部长兼《中国青年》主编。第一次国共合作时期编辑《新建设》月刊,宣传我党原则立场,批驳国民党右派的种种谬论。1925年参与领导五卅运动。1926年5月被党派到黄埔军校,任政治主任教官和中共党团干事。1927年1月到武汉,主持中央军事政治学校工作,任政治总教官,同蒋介石、汪精卫背叛革命的行径进行坚决斗争。曾任中共第五届中央委员、中共中央宣传部秘书长,曾参加南昌起义和广州起义。1930年在上海被捕。1931年4月在南京壮烈牺牲。2009年,被评为100位为新中国成立作出突出贡献的英雄模范人物之一。

狱中诗

(一九三一年)

浪迹江湖忆旧游,故人生死各千秋。
已摈忧患寻常事,留得豪情作楚囚。

——选自萧三主编《革命烈士诗抄》

【赏析】

1930年，恽代英在上海领导工人罢工时，不幸被帝国主义巡捕逮捕。他身陷囹圄，面对顽敌，思绪万千，写下了这首震撼人心的诗篇。诗的第一句回顾自己的一生为革命事业奔走于大江南北，从参加五四运动到加入中国共产党；从领导青年运动到担任黄埔军校的政治总教官；从五卅运动到革命失败后投入南昌起义和广州起义。往事历历在目，自己的一生无愧于革命，无愧于党。第二句由自己的革命生涯联想到一起战斗过的许多朋友和同志，他们也许已倒在敌人的屠刀下，也许正在继续革命事业，但生也罢，死也罢，他们的事业生命永恒。第三句是他坦诚胸怀的流露，一个凡人，总有些个人的琐事，个人的烦恼，但他把这一切都抛在脑后，是为了“留得豪情作楚囚”。这一句是全诗的要旨之所在，前面的一切都是为这句作铺垫，一生为革命奔波，眼看着许多战友为革命献出了宝贵的生命，现在要抛弃一切个人的得失，用满腔的豪情，做一名铮铮铁骨的“楚囚”，哪怕把敌人的牢底坐穿！整首诗体现了作者伟大的人格和高尚的情操。恽代英的一生是光辉战斗的一生。他坚持自己的信仰，以坚强的意志为追求真理而不懈奋斗。生前曾对毛泽东说过：“当全中国还是一座大地狱的时候，我不能一个人去找天堂。有光明处，就让别人先去。为了给更多的人寻找光明，我必须先走进黑暗。”他说到做到，在黄埔军校时拒绝了蒋介石的拉拢，被捕后仍不屑于蒋介石“归顺必当重用”的诱惑，最后为了理想而英勇就义。他就像周恩来为纪念恽代英殉难19周年题词中所说的那样，“应永远成为中国青年的楷模”。（金敏）

吉鸿昌

吉鸿昌(1895—1934),河南扶沟人,著名抗日民族英雄。早年加入冯玉祥部队,后成为国民革命军重要将领,因不听从国民党"围剿"红军的命令,1931年被蒋介石怀疑通共,逼其下野,解除兵权,强令出国。回国后联合冯玉祥等组建察哈尔民众抗日同盟,任第二军军长,北路前敌总指挥,并加入中国共产党。1934年11月被国民党反动派以"叛国罪"逮捕,在北平监狱惨遭杀害。

就义诗

恨不抗日死,留作今日羞。
国破尚如此,我何惜此头。

——选自萧三主编《革命烈士诗抄》

【赏析】

这是抗日民族英雄吉鸿昌在临刑前走向刑场时,以树枝作笔,大地作纸,用鲜血和生命谱写的一首大义凛然的正气歌。"恨不抗日死,留作今日羞"。一个身经百战,势与日本侵略者血战到底的民族英雄,不能杀尽倭寇牺牲在抗日战场上,本来就留下了深深的忧愤和遗憾,可是在国难当头,民族危亡的历史关头,却死在了"攘外必先安内"疯狂屠杀共产党人和抗日志士的"自己人"的枪口下,这岂止是对作者个人的羞辱,更是整个国家和民族的奇耻大辱。出于民族大义和满腔激愤，诗人发自肺腑的心声脱口而出："国破尚如此，我何惜此头。"外族入侵，国家残破，山河沦落，生民涂炭，饱受外敌奴役之苦，险遭亡国灭种之痛，郁积蒋帮迫害之愤，满怀救国救民之情的作者，早已把个人的生死置之度外，为了民族的复兴和国家的独立，哪还会怜惜自己的头颅。这首诗饱含浩然民族正气，高扬无畏革命精神，充分表达了一个共产党员为了实现远大理想，不计较个人的荣辱与得失，不畏强敌，视死如归的高风亮节和自觉把自己的命运与国家民族的命运联系在一起的博大胸怀。（熊德彪）

聂永晖

聂永晖(1895—1933),湖南浏阳人。长期从事党的农运工作,1926年加入中国共产党,曾任中共浏阳县委宣传部长,湘鄂省苏维埃政府文化部副部长,中共宜春、铜鼓、万载中心县委书记等职。1933年被叛徒出卖,不幸被捕,英勇牺牲。

题　扇[1]

大翼卷云天作浪,[2]余威激水月生波,
岂甘自好为风舞,怕听人间叫热何。

——选自萧三主编《革命烈士诗抄续编》

【注释】

[1]1928年夏天,聂永晖同志与慕容楚强同志在江西上栗市以织布为名,从事党的地下工作。本诗是他因感而发所作,题写在慕容楚强的扇子上。

[2]意指鹏鸟的巨大翅膀像卷云在天空中翻腾,起飞时击起波浪,在月光照耀下更为壮观。这里比喻革命声势的巨大。

【赏析】

这首诗意境宏阔,气势豪迈。“大翼卷云天作浪,余威激水月生波。”作者起笔不凡,开篇以庄子《逍遥游》中的大鹏为喻展开想象,写扇面摇动似大鹏展翅,卷起云层,让“天作浪”。其余威激荡水面,使

“月生波”，好一派水天浩渺、壮美辽阔的景象。经此大肆渲染和铺叙之后，作者笔锋一转，直面人间的现实生活，以神来的点睛之笔写道：“岂甘自好为风舞，怕听人间叫热何。”如此神威的扇子岂能甘为风舞，它最怕听到处于水深火热之中的穷苦百姓叫热叫苦的呼号与呻吟。只要一听见“人间叫热”之声，它就会翻动“垂天”之翼，煽灭世上的一切妖火与邪恶，除去老百姓的苦热，还人间一片清凉。在古往今来的许多题扇诗中，聂永晖的这首《题扇》诗与众不同，别具一格，诗人以博大的胸怀，奇特的想象，活用典故，托物言志，抒发革命志士救民于水火，解民于倒悬，扫除一切害人虫，共享风清气正、自由平等幸福生活的远大理想和革命情怀。（熊德彪）

茅　盾

茅盾(1896—1981),原名沈德鸿,字雁冰,笔名茅盾,浙江桐乡人。中国现代著名作家、文学评论家、文化活动家以及社会活动家。1916年毕业于北京大学预科班。1916年后历任上海商务印书馆编辑、《小说月报》主编、《民国日报》主编,为文学研究会发起人之一。1928年赴日本,1930年回国,加入左翼作家联盟。新中国成立后历任文化部部长、全国政协副主席、全国文联副主席、中国作协主席等职。主要作品有长篇小说《子夜》,中篇小说《蚀》(三部曲),短篇小说《春蚕》《林家铺子》和文学评论《夜读偶记》等,现有《茅盾全集》35卷本存世。

白杨礼赞

白杨树实在不是平凡的,我赞美白杨树!

汽车在望不到边际的高原上奔驰,扑入你的视野的,是黄绿错综的一条大毡子。黄的是土,未开垦的处女土,几十万年前由伟大的自然力堆积成功的黄土高原的外壳;绿的呢,是人类劳力战胜自然的成果,是麦田。和风吹送,翻起了一轮一轮的绿波——这时你会真心佩服昔人所造的两个字“麦浪”,若不是妙手偶得,便确是经过锤炼的语言的精华。黄与绿主宰着,无边无垠,坦荡如砥,这时如果不是宛若并肩的远山的连峰提醒了你(这些山峰凭你的肉眼来判断,就知道是在你脚底下的)，你会忘记了汽车是在高原上行驶。这时你涌起来的感想也许是“雄壮”，也许是“伟大”，诸如此类的形容词；然而同时你的眼睛也许觉得有点倦怠，你对当前的“雄壮”或“伟大”闭了眼，而另一种的味儿在你心头潜滋暗长了——“单调”。可不是？单调，有一点儿吧？

然而刹那间，要是你猛抬眼看见了前面远远有一排——不，或者甚至只是三五株，一株，傲然地耸立，像哨兵似的树木的话，那你的恹恹欲睡的情绪又将如何？我那时是惊奇地叫了一声的。

那就是白杨树，西北极普通的一种树，然而实在不是平凡的一种树。

那是力争上游的一种树，笔直的干，笔直的枝。它的干呢，通常是丈把高，像是加以人工似的，一丈以内绝无旁枝。它所有的丫枝呢，一律向上，而且紧紧靠拢，也像是加以人工似的，成为一束，绝无横斜逸出。它的宽大的叶子也是片片向上，几乎没有斜生的，更不用说倒垂了；它的皮，光滑而有银色的晕圈，微微泛出淡青色。这是虽在北方的风雪的压迫下却保持着倔强挺立的一种树。哪怕只有碗来粗细罢，它却努力向上发展，高到丈许，二丈，参天耸立，不折不挠，对抗着西北风。

这就是白杨树，西北极普通的一种树，然而决不是平凡的树！

它没有婆娑的姿态，没有屈曲盘旋的虬枝，也许你要说它不美丽，——如果美是专指“婆娑”或“横斜逸出”之类而言，那么白杨树算不得树中的好女子；但是它却是伟岸，正直，朴质，严肃，也不缺乏温和，更不用提它的坚强不屈与挺拔，它是树中的伟丈夫！当你在积雪初融的高原上走过，看见平坦的大地上傲然挺立这么一株或一排白杨树，难道你觉得树只是树，难道你就不想到它的朴质，严肃，坚强不屈，至少也象征了北方的农民；难道你竟一点也不联想到，在敌后的广大土地上，到处有坚强不屈，就像这白杨树一样傲然挺立的守卫他们家乡的哨兵！难道你又不更远一点想到这样枝枝叶叶靠紧团结，力求上进的白杨树，宛然象征了今天在华北平原纵横决荡用血写出新中国历史的那种精神和意志。

白杨不是平凡的树。它在西北极普遍，不被人重视，就跟北方农民相似；它有极强的生命力，磨折不了，压迫不倒，也跟北方的农民相似。我赞美白杨树，就因为它不但象征了北方的农民，尤其象征了今天我们民族解放斗争中所不可缺的朴质，坚强，以及力求上进的精神。

让那些看不起民众，贱视民众，顽固的倒退的人们去赞美那贵族化的楠木（那也是直干秀颀的），去鄙视这极常见，极易生长的白杨罢，但是我要高声赞美白杨树！

——选自《茅盾选集》

【赏析】

这篇散文写于中国人民抗日战争最艰苦的时期。由于国民党顽固派消极抗日，积极反共，抗日民族统一战线濒于分裂的局面，中国共产党肩负着艰苦卓绝的抗战使命。1940 年 5 月，茅盾离开新疆返回内地，受朱德同志邀请前往延安。在延安参观讲学期间，亲身体察了解放区军民的斗争生活，抗日军民团结战斗的精神风貌给他留下了深刻的印象。皖南事变后，作者借礼赞西北高原上的白杨树，来表达对北方抗日军民热爱和赞美之情，便写下了此文。如这篇作品单是为写白杨树而写白杨树，自然也不失为一篇描写风物的佳作，但格调却要低得多。作者用别具一格的审美眼光，从白杨树的朴实风格、内在的美质，联想到中国共产党领导下的“北方的农民”，守卫家乡的“哨兵”以及他们团结一致、坚持抗战，用血写出了新中国历史的革命精神和意志。白杨树的象征含义在作者反复吟咏不平凡的白杨树跟“北方农民相似”的赞语中，感情被浓烈地揭示了出来。作者歌颂白杨树朴实的风格，内在的美质，由树及人地概括白杨的象征意义，以白杨树象征中国共产党及其领导下的敌后抗日根据地广大军民，歌颂他们团结战斗、不屈不挠、坚持抗战到底的崇高精神和坚强意志。（吴正平）

叶 挺

叶挺(1896—1946),字希夷,广东惠阳人。早年追随孙中山参加革命,1924年派往苏联东方劳动大学和军事学校学习,并加入中国共产党。回国后担任国民革命军独立团团长,率部参加北伐战争。后参加南昌起义,任前敌总指挥。广州起义时,担任了红军总司令,起义失败后,流亡国外十年。抗战爆发后,担任新四军军长。1941年1月国民党发动了震惊中外的“皖南事变”,叶挺被非法逮捕。1946年3月经中共中央营救出狱,重新加入中国共产党。同年4月8日由重庆飞往延安,因飞机失事,不幸遇难。

囚 歌

为人进出的门紧锁着,
为狗爬出的洞敞开着,
一个声音高叫着:
——爬出来吧!给你自由!

我渴望自由,
但我深深地知道——
人的身躯怎能从狗洞里爬出!

我希望有一天，
地下的烈火，
将我连这活棺材一齐烧掉，
我应该在烈火与热血中得到永生！

——选自萧三主编《革命烈士诗抄》

【赏析】

“皖南事变”后，叶挺将军被国民党反动派非法拘捕，辗转囚禁于江西上饶、湖北恩施、广西桂林和重庆的监狱，长达五年，敌人用各种手段对其威逼利诱，甚至蒋介石亲自出面劝降，均被叶挺断然拒绝。叶挺在重庆渣滓洞集中营的墙壁上，以“六面碰壁居士”之名，题写了这首气壮山河的《囚歌》。

这首诗是作者在被非法拘捕失去自由的时候，对生死、自由和尊严这一人生终极命题的深沉悲壮的思考。诗的第一节，以“人进出的门”与“狗爬出的洞”进行鲜明对比，提出人如何面对“自由”的严厉拷问。第二节诗人斩钉截铁地明确回答：“我渴望自由，但我深深地知道——人的身躯怎能从狗洞里爬出！”这就形象地告诉我们，自由对人来说固然很重要，但人之所以为人，尊严比自由和生命更加重要。因此，古往今来中华民族的仁人志士都把“士可杀而不可辱”作为人生的第一信条。面对自由与尊严的生死抉择，一般之“士”尚且如此，更何况叶挺这位满怀救国之志、久经战火洗礼、一身浩然正气的共产党人，为了捍卫人的尊严，他宁愿舍弃自由与生命。他深知，在白色恐怖如“活棺材”一样的黑暗旧中国，人民是不可能有自由与尊严的；只有国家独立富强，国人才会有自由与尊严。因此诗的最后一节宣告，为了国家独立富强，人人享有自由与尊严，诗人愿“地下的烈火，将我连这活棺材一齐烧掉”，让诗人自己和新生的中国“在烈火与热血中得到永生”。这首诗结构完整、逻辑严密，语言形象生动，明白晓畅。（熊德彪）

郁达夫

郁达夫(1896—1945),原名郁文,字达夫,幼名阿凤,浙江富阳人,中国现代作家、革命烈士。他是新文学团体"创造社"的发起人之一,曾与鲁迅合编《奔流》月刊,并在上海同鲁迅领衔发起中国自由运动大同盟。抗战爆发后,他先后在上海、武汉、福州等地从事抗日救国宣传活动,后流亡到苏门答腊从事抗日救亡运动,1945 年 9 月被日本宪兵秘密杀害。其文学代表作有《怀鲁迅》《沉沦》《故都的秋》《春风沉醉的晚上》《过去》《迟桂花》等。现有《郁达夫全集》十二卷存世。

怀鲁迅

真是晴天霹雳,在南台的宴会席上,忽而听到了鲁迅的死!

发出了几通电报,荟萃了一夜行李,第二天我就匆匆跳上了开往上海的轮船。

二十二日上午十时,到家洗一个澡,吞了两口饭,跑到胶州路万国殡仪馆去,遇见的只是真诚的脸,热烈的脸,悲愤的脸,和千千万万将要破裂似的青年男女的心肺和紧捏的拳头。

这不是寻常的丧葬,这也不是沉郁的悲哀,这正像是大地震要来,或黎明将要到时充塞的天地之间的一瞬间的寂静。

生死,肉体,灵魂,眼泪,悲叹,这些问题与感觉,在此似乎太渺小了,在鲁迅的死的彼岸,还照耀着一道更伟大,更猛烈的寂光。

没有伟大的人物出现的民族，是世界上最可怜的生物之群；有了伟大的人物，而不知拥护，爱戴，崇仰的国家，是没有希望的奴隶之邦。因鲁迅的一死，人们自觉作出了民族的尚可以有为；也因鲁迅之一死，使人家看出了中国还是奴隶性很浓厚的半绝望国家。

鲁迅的灵柩，在夜阴里被埋入浅土中去了；西天角却出现了一片微红的新月。

——选自《郁达夫全集》

【赏析】

郁达夫的《怀鲁迅》仅有四百字，却写得沉郁而厚重，在悼念鲁迅的文章中卓尔不凡。本文开头写了自己对鲁迅去世的震动，再用几笔交代了自己匆匆赶去悼念鲁迅的经过，行文简练而有条理，在平实的语言中蕴含着深深的悲痛。鲁迅在中国思想文化界的影响力是没有人能够超越的，而作者的朋友去世之悲、战友去世之痛、知音去世之哀在悼文中发挥得淋漓尽致。“这不是寻常的丧葬，这也不是沉郁的悲哀，这正像是大地震要来，或黎明将要到时充塞的天地之间的一瞬间的寂静”，笔墨沉郁，悲凉，激昂，慷慨，将作者所感受到的黑暗、悲愤、寂寥与希望融为一体。鲁迅不在了，呐喊的声音在稀薄的夜气里消散；鲁迅不在了，那盏划破黑暗的慈爱的灯盏熄灭了；鲁迅不在了，而一个民族，永远地失去了一个无与伦比的天才，永远地失去了一把不屈的匕首，永远地失去了一个倔强的灵魂。郁达夫的悲痛，也应该是所有人的悲痛！而“千千万万将要破碎的青年男女的心肺和紧捏的拳头”则说明了中华民族面对伟大前驱者的离世，绝不是麻木不仁的，说明我们民族的“尚可以有为”，并非可怜的生物之群。作者从鲁迅逝世而提炼的千古名言将激励后人图强兴邦：“没有伟大的人物出现的民族，是世界上最可怜的生物之群；有了伟大的人物，而不知拥护，爱戴，崇仰的国家，是没有希望的奴隶之邦。”结尾处，郁达夫用意味悠长的语言，写那暗夜，也写新月。昔人已逝，来者可追。中

国的将来，不会因此而被黑夜笼罩；相反的，越来越多的年轻人，会接起前人留下的未完成的梦想！（吴正平　莫莉）

彭　湃

彭湃(1896—1929),广东海丰人,中国农民革命的先驱,海陆丰革命根据地创始人。曾策划广东秋收起义,领导海陆丰农民斗争,建立苏维埃政权。曾任中共中央委员、中共中央政治局委员、农委书记、江苏省常委等职。1929 年在上海被捕,壮烈牺牲。

起义歌

我们大家来起义,
消灭恶势力!
如今大革命,
反封建,分田地,
坚决来斗争!
建设苏维埃,
工农来专政,
实现共产制,
人类庆大同,
无产阶级世界革命,
最后成功!

——选自萧三主编《革命烈士诗抄》

【赏析】

这是一首号召劳苦大众愤然起义，齐心协力去摧毁旧世界的动员令和宣言书。作者在长期从事农民运动的过程中，深切体会到，在当时的中国，要发动革命首先必须唤醒广大民众，特别是在死亡线上挣扎的工农劳苦大众的觉醒，激发他们的革命意识，团结一心，奋起抗争。因此诗人一开始就大声疾呼："我们大家来起义"，并告诉大家，起义就是"反封建，分田地""消灭恶势力"。作者进一步指出，起义的最终目标就是"建设苏维埃，工农来专政，实现共产制"。到那时，我们为之浴血奋斗的革命理想实现了，不仅在中国的大地上阳光普照，被剥削被压迫的劳苦大众当家做主，扬眉吐气，国家富强，生机勃勃，而且坚信将来的世界，一定会"人类庆大同，无产阶级世界革命，最后成功"！这首诗语言朴素，明白晓畅，感情充沛，自然亲切，高扬着无产阶级革命家的远大理想和共产主义世界革命必然胜利的坚定信念。（朱喜国）

周逸群

周逸群(1896—1931),贵州铜仁人,1924年在黄埔军校学习时加入中国共产党,曾参加北伐战争和南昌起义,后与贺龙等一起创建以洪湖为中心的湘鄂西革命根据地,先后担任中共湘西北特委书记、鄂西特委书记、红二军团政委、湘鄂西联县政府主席。1931年5月在行军途中遭敌人伏击英勇牺牲。

工农团结歌

工农,世界主人翁!
我们的血汗,几乎要流尽。
衣与食,住与行,我们所造成。
权位与幸福,倒归寄生虫。
世界创造者,反作穷罪人。
封建制度,资本主义,一律要铲平。
高举鲜红旗,强与作斗争。
资本家,地主们,我们对头人。
苏维埃政权,从此就实现。
工厂归工友,土地归农民
工农团结,民主共和,革命大功成。

——选自萧三主编《革命烈士诗抄续编》

【赏析】

长期从事革命斗争的周逸群同志，深刻认识到工农大众是革命的主力军，因此诗人开篇第一句“工农，世界的主人翁”，充分肯定了工农大众在革命斗争、社会解放和推动历史前进中的崇高地位。可是眼前的现实却是，作为世界主人翁的工农，血汗几乎流尽，创造的一切成果都“倒归寄生虫”，而“世界创造者，反作穷罪人”。这就尖锐地揭示出黑暗旧社会的反动本质，即阶级剥削和压迫在“寄生虫”和“穷罪人”之间造成的严重不公。哪里有压迫，有剥削，哪里就有反抗，有斗争，因此诗人情不自禁地喊出了“封建制度，资本主义，一律要铲平”。从而深情地表达了对工农大众的真切关怀和对剥削阶级的猛烈抨击。最后作者形象地描绘出，在中国共产党的领导下，“工农团结”“高举鲜红旗”，与“资本家，地主们”“强与作斗争”，神州大地光明驱逐了黑暗，消灭了压迫和剥削，“工厂归工友，土地归农民”，工农真正当家做主，国家实现“民主共和”。

这首诗寄情高远，壮怀激烈，语言朴素，结构严谨，如空谷霜钟，力重千钧，激励无数仁人志士为实现自己的强国梦奋勇抗争。（朱喜国）

周恩来

周恩来(1898—1976),字翔宇,原籍浙江绍兴,生于江苏淮安。伟大的马克思列宁主义者、无产阶级革命家、政治家、军事家、外交家,中国共产党和中华人民共和国的主要领导人,中国人民解放军主要创建人和领导人。早年留学日本,1919年回国参加五四运动,后到法国、德国留学。1921年加入中国共产党,1927年领导上海工人第三次武装起义和南昌起义。后来一直协助毛泽东指挥长征、调停西安事变、重庆谈判、三大战役,直至全国解放。新中国成立后,历任国务院总理、外交部部长、中共中央政治局常委、中共中央副主席、中央军委副主席、政协全国委员会副主席、主席等职。他是以毛泽东同志为核心的党的第一代中央领导集体的重要成员,为中国人民解放事业和社会主义建设事业建立了卓著功勋。主要著作编为《周恩来选集》。

大江歌罢掉头东[1]

大江歌罢掉头东,[2]邃密群科济世穷。[3]
面壁十年图破壁,[4]难酬蹈海亦英雄。[5]

——选自《周总理诗十七首》

【注释】

[1]原诗无题,依惯例取首句为题。

[2]大江:化用苏轼《念奴娇·赤壁怀古》开篇,在这里泛指气势

豪迈的歌曲。

[3]邃密:深邃细密,这里是精研的意思。群科,即社会科学。济世穷:意即拯救濒临绝境的中国。

[4]面壁:面对墙壁坐着。这里用来表示专心致志,探求救国真理的决心。破壁:源于《名画记》所记载"画龙点睛"的故事,本是形容张僧繇画技的高超。这里表示学成之后,像破壁而飞的巨龙一样,为祖国和人民做一番大事业。

[5]难酬:难以实现,目的达不到。

【赏析】

1917年9月,周恩来从南开中学毕业,将赴日本留学,临行之前写下这首充满爱国热忱和凌云壮志的壮美诗篇。

首句"大江歌罢"化用苏轼词《念奴娇·赤壁怀古》,以豪迈的气势表明心志。因作者救国心切,遂义无反顾地"掉头东",即转头向东方的日本求取先进思想和科学知识。次句"邃密群科济世穷",指出作者求学的目标,即细密地研究多门科学。"济世穷"指拯救国家兴亡。周恩来少年时代就立下了"为中华崛起而读书"的宏伟志愿,当时留学潮中的中国青年大多抱有到国外求学以报效国家、拯救中国的愿望,故前两句表达出作者离开祖国到日本寻求真理的决心与立志救国的抱负。第三句将"面壁"和"破壁"两个典故巧妙结合,借达摩面壁修禅与南朝画家张僧繇画龙点睛的故事,不仅反映出作者刻苦钻研的精神,更表达出一种不同凡响的人生追求。末句表明了作者投身进步事业的坚定信念。"蹈海"指乘船航海出洋寻求真理,意即只要坚持寻求真理,即使"为中华崛起"的壮志"难酬",能"蹈海"亦是"英雄"。全诗反映了作者在即将离别故土、远洋求学之际,虽年仅十九岁,但心存立志救国、追梦圆梦的坚强决心和豪情壮志。短短四句诗,表达出一种气势昂然、意境深远的悲壮之情,是一首不可多得的爱国主义佳作。(别蓉)

刘少奇

刘少奇(1898—1969),湖南宁乡县人。伟大的马克思主义者,伟大的无产阶级革命家、政治家、理论家,党和国家主要领导人之一。

作马克思和列宁的好学生

恩格斯在论到马克思的时候说:

"因为马克思首先是一个革命家。以某种方式参加推翻资本主义社会及其所建立的国家制度的事业,参加赖有他才第一次意识到本身地位和要求,意识到本身解放条件的现代无产阶级的解放事业,——这实际上就是他毕生的使命。斗争是他得心应手的事情。而他进行斗争的热烈、顽强和卓有成效,是很少见的。"[1]又说:"我们之中没有一个人像马克思那样高瞻远瞩,在应当迅速行动的时刻,他总是作出正确的决定,并立即打中要害。"[2]

斯大林在论到我们应该学习列宁的榜样的时候,曾经说:

"要记住,要爱戴,要学习我们的导师,我们的领袖伊里奇。要照伊里奇那样去反对、去战胜国内外的敌人。要照伊里奇那样去建设新生活、新风俗和新文化。在工作中决不要拒绝做小事情,因为大事情是由小事情积成的,——这是伊里奇的重要遗训之一。"[3]

……

这就是恩格斯对马克思,斯大林对列宁的简要描述。我们每个共产党员，就是要这样去学习马克思和列宁的思想和品质，作马克思和列宁的好学生。

有人说，马克思列宁主义创始人那样伟大的天才革命家的思想和品质，是学习不到的，要把自己的思想和品质提高到马克思列宁主义创始人的思想和品质那样的高度，也是不可能的。他们把马克思列宁主义创始人看成是天生的神秘的人物。这种说法和看法对不对呢？我想是不对的。

我们普通的同志，今天诚然远没有马克思列宁主义创始人那样高的天才，那样渊博的科学的知识，我们大多数的同志在无产阶级革命理论方面不能达到他们那样高深和渊博。但是，我们同志只要真正有决心，真正自觉地始终站在无产阶级先锋战士的岗位，真正具有共产主义的世界观，并且始终不脱离当前无产阶级和一切劳动群众的伟大而深刻的革命运动，努力学习、锻炼和修养，那么，掌握马克思列宁主义的理论和方法，在工作和斗争中培养马克思和列宁那样的作风，不断提高自己的革命品质，成为马克思、列宁式的政治家，这是完全可能的。

——选自刘少奇《论共产党员的修养》

【注释】

[1]《在马克思墓前的讲话》。《马克思恩格斯选集》第 3 卷。

[2]《恩格斯致约·菲·贝克尔》(1984 年 10 月 15 日)。《马克思恩格斯选集》第 4 卷。

[3]《致〈工人报〉》。《斯大林全集》第 7 卷。

【赏析】

抗战爆发后，大批热血青年纷纷涌向延安并被吸收入党，党员数量迅速增加。面对党的新形势，如何在政治、思想和组织上加强党的建设，是当时中国共产党面临的极为严峻的政治任务。因此 1939 年，刘少奇同志在极为艰苦的条件下写出了重要著作《论共产党员的修养》。这是一篇马克思主义理论的名著，也是中国共产党思想理论建设史上的重要文献。本文节选自其中的部分内容。作者引用了革命导师恩格斯对马克思，斯大林对列宁的简要而精辟的描述，并对此加以充分的肯定，认为我们的同志“成为马克思、列宁式的政治家，这是完全可能的”。他指出，加强马克思主义理论学习是提高党员修养的途径之一，要认真学习马克思主义的立场、观点和方法，学习马克思列宁主义创始人的革命品质。同时，也严肃批评了教条式理解马克思主义的错误学习态度，认为共产党员应当“作马克思、列宁的好学生”，应当“努力学习、锻炼和修养”，把他们一生的言行、事业和品质作为自己锻炼和修养的模范，使自己成为马克思列宁式的、无产阶级的、共产主义的革命家。全文颇具理论色彩又充满了革命的自信和乐观主义精神。（别蓉）

彭德怀

彭德怀(1898—1974),湖南湘潭人。中华人民共和国开国元勋,中国人民解放军著名将领、中华人民共和国元帅。曾任国务院副总理兼第一任国防部部长,中共第六至八届中央政治局委员,中共中央军事委员会副主席。

跃上井冈旗帜新

求知心切去黄埔,夜梦依依我不然。
“马日事变”教训大,革命必须有武装。
秋收起义在农村,失败教训是盲动。
惟有润之工农军,跃上井冈旗帜新。
我欲以之为榜样,或依湖泊或山区。
利用周盘办随校,谨慎争取两年时。

——选自《将帅诗词选》

【赏析】

1927年10月,毛泽东创建了中国第一个农村革命根据地——井冈山革命根据地。从而打破了武装暴动夺取城市的苏联模式,开创了一条农村包围城市,最终夺取城市的新型革命道路。但当时这种方式并不为中央所理解,甚至很多同志也持怀疑态度,认为这是逃跑主义、流寇思想。这首诗写于彭德怀发起平江起义之前,是最早肯定毛泽东创建农村革命根据地的一首诗。该诗首先以“夜梦依依我不然”表达出对时局的清醒认识，不仅指出“马日事变”的教训是政治上没有预料到“宁汉合流”，军事上疏于防范，工人纠察队和农民武装缺乏训练，面对反动军队的猖狂进攻难以抵挡，表达了中国“革命必须有武装”才能胜利的军事观，指出当时革命的“失败教训是盲动”；更重要的是，他对毛泽东建立井冈山革命根据地，持肯定和赞赏的态度，“我欲以之为榜样，或依湖泊或山区”，认定只有建立革命根据地才能让革命力量得以发展壮大。因此彭德怀发动平江起义后，随即开辟了湘鄂赣革命根据地，随后又上井冈山与朱德、毛泽东会师，用实际行动肯定了毛泽东的战略构想。自此以后，彭德怀始终追随和支持毛泽东，根据毛泽东提出的作战方针灵活机动地打击敌人，以其一生的赫赫战功实践着毛泽东的“星星之火，可以燎原”的革命蓝图。（吴正平）

田　汉

田汉(1898—1968),湖南长沙人。早年留学日本,1920 年回国后创办南国剧社,次年与郭沫若等发起成立创造社,1930 年参加左翼作家联盟,1932 年加入中国共产党,担任“左翼剧联”党团书记、中共上海中央局文化工作委员会委员等职。抗战爆发后,积极投身抗战戏剧运动。1935 年创作了著名的《义勇军进行曲》歌词,后成为《中华人民共和国国歌》。新中国成立后,历任文化部戏曲改进局局长和党组书记、全国文联副主席等职。创作了《江汉渔歌》《丽人行》《关汉卿》《文成公主》《谢瑶环》等剧本,以及大量诗歌、散文、评论,出版有《田汉文集》。1968 年 12 月 10 日病逝。

义勇军进行曲[1]

起来！不愿做奴隶的人们！
把我们的血肉,筑成我们新的长城！
中华民族到了最危险的时候,
每个人被迫着发出最后的吼声。
起来！起来！起来！
我们万众一心,
冒着敌人的炮火前进！
冒着敌人的炮火前进！

前进！前进！前进！

——选自《田汉诗选》

【注释】

[1]《义勇军进行曲》是田汉1935年5月为电影文学剧本《风云儿女》写的主题歌，经作曲家聂耳谱曲后，迅速在大江南北、长城内外传唱开来，鼓舞全体中华儿女对日本侵略者进行艰苦卓绝的殊死斗争。1949年新中国成立时，中国人民政治协商会议第一届全体会议一致通过，把《义勇军进行曲》作为代国歌。1982年12月4日，第五届全国人民代表大会第五次会议正式将其定为《中华人民共和国国歌》，2004年3月14日写入《中华人民共和国宪法》。

【赏析】

1931年九一八事变之后，蒋介石以“攘外必先安内”为由实行不抵抗政策，致使日寇很快占领了东北三省，神州大地山河破碎，国土沦丧。在这民族危亡的紧急时刻，中国共产党号召全国人民团结一致，共同抗日。就在这内忧外患、国难当头之际，田汉满怀振兴中华的民族大义和对日本侵略者的无比痛恨，愤然写下了这首响彻寰宇的《义勇军进行曲》。歌词一开始，作者以雷霆万钧之力大声呼唤：“起来！不愿做奴隶的人们！”激励那些在日寇的铁蹄下失去了民族尊严和自由平等，但又“不愿做奴隶的人们”，为了民族的独立与复兴、国家的解放和强盛，以百折不挠、永不屈服的伟大民族精神，去“把我们的血肉，筑成我们新的长城”！中华民族，无论何时何地永远都是一个顶天立地、宁折不弯的伟大民族，即使“泰山崩于前”，也不会眨眨眼，宁为玉碎，不为瓦全。因此富有反侵略、反奴役民族传统的炎黄子孙，面对野蛮凶残的日本侵略者，奋起抗争，不惜以自己的血肉之躯筑起一道钢铁长城，捍卫国家的独立与民族的尊严，实现救亡图存、振兴中华的革命理想。紧接着作者以“中华民族到了最危险的时候，每个人被迫着发出最后的吼声”，警醒全体国人，激发民族精神，并连用三个“起来”，有如吹响了向日寇猛烈进攻的集结号，这冲锋的号角，一声紧似一声，一浪高过一浪，让人惊醒，催人奋进，使人产生一种马上行动起来拯救民族危亡的紧迫感，下定与外敌血战到底的决心，爆发出一股不可遏止的精神力量。在此基础上，作者进而号召全体国民：“我们万众一心，冒着敌人的炮火前进！”歌词的结尾，通过句子和词组的多次反复，好似擂响了奋勇杀敌的战鼓，这鼓点，节奏短促有力，感情激越高昂，把歌词推向了高潮，进一步强化了华夏儿女为实现国家独立富强的梦想，誓与一切侵略者血战到底的坚强决心和坚信中华民族一定能再度复兴自立于世界民族之林的必胜信念。歌词中所表现的伟大民族精神，是中国人民在中国共产党的领导下，在长期血与火的斗争中炼成的，是永远不可战胜的。今天我们唱起她依然热血沸腾，她仍将激励我们居安思危，为实现“两个一百年”的奋斗目标阔步前进！（熊德彪）

郑振铎

郑振铎(1898—1958),我国现代杰出的爱国主义者和社会活动家,又是著名作家、文学评论家、文学史家、翻译家和艺术史家,也是国内外闻名的收藏家。原籍福建省长乐县,生在浙江省永嘉县(今温州市)。1919年参加五四运动,同时与沈雁冰等人发起成立文学研究会,曾任上海商务印书馆编辑,《小说月报》主编,1937年参加文化界救亡协会,与胡愈之等人组织复社,出版《鲁迅全集》,主编《民主周刊》。1949年后历任文化部副部长、文物事业管理局局长、考古研究所所长、文学研究所所长、全国文协研究部长、中国作家协会理事等职。

向光明走去

谁都喜欢光明的。虽然也许有些人和动物常要躲在黑暗之中,以便实行他们的阴险计划的,但那是贼,是恶人,是鸱,是蝙蝠,是狐。凡是人,是正直的人或物,总是喜爱光明,总是要向光明走去的。

黑漆漆的夜,独自走在路上,一点的星光,月光,灯光都没有,我们心里真有些害怕。夏天的暴雨之前,天都乌黑了,无论孩子大人,心里也总多少有些凛凛然的,好像天空要有什么异样的变动。小寺的幽斋中,接连的落了几天的雨,天空是那样的灰暗,谁都要感到些凄楚之意。

但是太阳终于来了。接着夜而来的是白昼，接着暴雨而来的是晴光，接着灰暗之天空的是蔚蓝色的天空。那时，不知不觉的会有一阵慰安快乐的感觉，渗入每个人的心里，会有一种勇往活泼的精神，笼罩在每个人的脸上。

在黑暗中走着的人，在夏雨中的人，在灰暗的天空之下的人，总要相信光明的必定到来。因为继于夜之后的一定是白昼。夜来了，白昼必定不远的。继阴雨之后的，一定是阳光之天。雨来了，太阳必定是已躲在雨云后之后的。

那些只相信有阴雨之天，只相信有夜的人，且让他们去。我们是相信着白昼，相信着阳光之必定到来的。

现在，我们是什么样的时代呢？我猜一定不会错，每个人一听到这句问话，都必定要皱着眉头，在心里叹着气答道："黑暗时代！"

是的，是的，现在是黑暗时代。

政治上，社会上，国际上，家庭上，有多少浓厚的阴影罩着！且不必多说，这许多，许多黑暗的事实，一时也诉说不尽。

但是"光明"已躲在这些"黑暗"之后了！我们要相信光明一定会到来。我们不仅相信，我们还是要迎着光明走去！譬如黑夜独行，坐在路旁等天亮，那是很可羞；如果惧怕黑夜而躲进小岩洞或小屋之内，那更是可耻。

我们相信光明必定会到来，我们迎上去，我们向着它走去！

在黑夜里，踽踽的走着，到了天亮时，我们走到目的地了，那是多末快慰的事呀！

那些见黑暗而惧怕，而失望的，让他们永躲在黑暗中吧；那些只相信有黑暗而不相信有光明的，也让他们的生活于黑暗之洞里吧。我们如果是相信"光明"的，我们便要鼓足了勇气，不怖不懈，向着光明走去。

我们不彷徨，我们不回顾。人类是永续不断的一条线，人间社会是永续不断的努力的结果。我们虽住在黑暗之中，我们应努力在黑暗中进行，但也许我们自身，是见不到光明的。人类全体永续不断的向着光明走去，光明是终于会到来的。

走去、走去，向着光明走去。

光明终于是要到来的！

——选自《郑振铎选集》

【赏析】

《向光明走去》一文发表于 1926 年 5 月。此前北平刚刚发生过北洋政府镇压学生的“三一八”惨案，郑振铎写作此文对当时的社会现实进行强烈抨击，表达了追求真理、向往光明的决心，鼓励人们坚持斗争，冲破黎明前的黑暗，争取光明的到来。文章情绪激昂，态度坚定，对未来充满信心，有很强的感染力。

从形式上看，这篇文章明显是针对制造“三一八”惨案的北洋政府当局的，但是整篇没有一句提到当时的具体事件、具体人物。用这样一种暗示的表达手法，不仅可以躲避当局的新闻检查，还使得文章超越了具体事件、具体时代的局限，用它来批判所有代表黑暗的势力，讴歌追求光明的人们，都能成立，文章因此获得了永久的生命。作者的坚定信心和对光明的向往以及坚信“光明终于是要到来的”信念，始终在震撼着我们的心灵，从来还没有过这么强烈的感受，原来对光明的期盼会成为人活着的最终目标，所以作者在此号召我们要坚定自己内心的信念。细读这篇文章，作者平实的语言给予了振奋人心的鼓舞，虽然在黑夜中我们需要不断地摸索，但是只要看到一线光明的照射，黑夜又怕什么！我们可以相信，内心始终充满光明的人，会张开双手最先迎接光明，会享受到光明带给我们的快慰与欢乐！（吴正平）

王尽美

王尽美(1898—1925),山东莒县人,早年参加五四爱国运动,发起并创建山东济南共产党的早期组织,出席过中共第一次党代会,曾任中共山东地方执行委员会书记、中国劳工组合书记部山东分部主任。中共二大后,在中央领导工人运动。1925 年因积劳成疾在青岛病逝。《无情最是东流水》这首诗最初发表于王尽美 1922 年创办的《山东劳动周刊》上。

无情最是东流水

无情最是东流水,日夜滔滔去不停。
半是劳动血与泪,几人从此看分明。

——选自《诗刊》

【赏析】

“无情最是东流水,日夜滔滔去不停。”表面看去,是说光阴似箭,像无情的流水,日夜不停地东逝而去,好像一个碌碌无为的文人在那里叹息时光的易逝和节物的变迁,毫无新意,未能脱俗。但当你读完全诗后,就会感受到开头这看似平庸俗气的两句诗,是以起兴的手法为后面“诗眼”的凸显进行铺垫,营造氛围,将作者为本诗预设的主题烘托出来:“半是劳动血与泪,几人从此看分明。”这两句的意思是说:长期以来,在黑暗的旧中国,劳苦大众被三座大山压得喘不过气来,在皮鞭和刀枪的威逼下日夜劳作，流尽了自己的血和泪。可是他们如“日夜滔滔”“东流水”的血泪以往有几人看在眼里，放在心上？只有中国共产党成立后，无产阶级革命家和共产党人才对劳苦大众的血泪和命运给予深深关切。因为解救苦难深重的劳苦大众，解放全人类，让人民过上自由幸福的新生活是中国共产党创立的初衷，所以作为中国共产党创始人之一的诗人，始终牢记救国救民的使命，不忘初心，以坚定的革命信仰，为实现解放民众，振兴中华的崇高理想鞠躬尽瘁，死而后已。作者在诗中把劳苦大众的“血与泪”比作“日夜滔滔去不停”的“东流水”，与当时许多描写工农苦难的诗相比，颇有新意。（熊德彪）

瞿秋白

瞿秋白(1899—1935),江苏常州人,曾两度担任中国共产党中央委员会总书记,中国共产党早期领导人之一,马克思主义者,无产阶级革命家、理论家和宣传家,中国革命文学事业的重要奠基者之一。1919年参加五四运动,1920年赴苏俄考察,1922年加入中国共产党,1933年到达中央革命根据地。中央红军主力开始长征后继续在根据地坚持革命斗争,1935年2月在福建长汀县被国民党军逮捕,6月18日慷慨就义,时年36岁。新中国成立后出版有四卷本《瞿秋白文集》。

赤潮曲[1]

赤潮澎湃,
晓霞飞动,[2]
惊醒了
五千余年的沉梦。

远东古国
四万万同胞,
同声歌颂
神圣的劳动。

猛攻，猛攻，
捶碎这帝国主义万恶丛！
奋勇，奋勇，
解放我殖民世界之劳工，

何论黑，白，黄，
无复奴隶种！
从今后，福音遍天下[3]
文明只待共产大同。

看！
光华万丈涌。

——选自陈独秀、李大钊、瞿秋白编《新青年第10卷》

【注释】

[1]赤潮：红色浪潮，指苏维埃革命。

[2]晓霞：喻示着革命事业生机勃勃。

[3]福音：本意为“福音书”，是指《圣经·新约全书》，“福音”意为“好消息”。作者在这里借用这个词，意为等到革命成功，将给全世界人民带来幸福。

【赏析】

1920年10月，为寻求救国道路，瞿秋白以北京《晨报》记者身份前往俄国进行实地考察。1923年回国，受中共中央委托，负责筹办《新青年》季刊并担任主编，《赤潮曲》就发表于《新青年》季刊第1期。这首诗具有磅礴的气势和高昂的音调，充满了国际共产主义运动与无产阶级解放战斗的诗情。第一节，写伟大的十月革命唤醒了中国人民，使他们看到了民族解放的曙光；第二节说明工人阶级登上了历史舞台，成为革命的主力军；第三节用强有力的音调，号召中国人民团结起来，砸碎帝国主义的“万恶丛”，解放劳工；第四节则给人们以坚定的信念，相信只要经过不懈努力，世界终将实现“共产大同”；第五节“看！光华万丈涌”，“光华”即日月光辉，作者把革命事业比作“光华”，展现了共产主义运动的灿烂前景，表达了对革命事业的满怀信心。全诗通篇押韵，用比喻、反复等修辞手法，热情洋溢地讴歌了高涨的工人运动，表达了诗人坚定的共产主义信念。本诗的发表在当时引起强烈的震动，直至今天仍能鼓舞人心，激发读者充沛的战斗激情。（别蓉）

老　舍

老舍(1899—1966),本名舒庆春,字舍予,笔名老舍,满族正红旗人,生于北京,中国现代小说家,杰出的语言大师、人民艺术家,新中国第一位获得“人民艺术家”称号的作家。1924 年赴英国伦敦大学东方学院任教。抗战期间主持全国文艺界抗敌协会工作。1946 年应邀赴美讲学,新中国成立后回国。历任中国文联副主席、北京市文联主席等职。著有长篇小说《骆驼祥子》《四世同堂》,话剧《龙须沟》《茶馆》等。

七七纪念

抗战今开第五年,男儿志在复幽燕!
儿生能答人问福?一生应为天下先!
斜凝双星秋欲晓,西风万马血飞烟;
多情最是芦沟月,犹照英雄肝胆鲜!

——选自《老舍文集》

【赏析】

抗日战争爆发后,老舍满怀民族大义和献身精神,积极投入到抗日的实际工作中。他积极参与“中华全国文艺界抗敌协会”的具体组织与领导工作,出任总务部主任,处理文协总会大量繁杂琐碎的日常事务;他先后率领抗战文协到许多地方宣传抗战,慰问军队;他热情提倡与抗战有关的通俗文学，并亲自写作了许多宣传抗日的鼓词、相声、坠子等小型作品，供艺人演唱；他还创作了《残雾》《张自忠》《国家至上》等10余个剧本，以颂扬民族正气、表彰爱国志士，批判不利于团结抗日的社会弊端。作为中国作家的杰出代表，他在战争期间表现出来的强烈使命感与责任感，对历史赋予的反帝文学主题的热烈呼应，都是永远值得后人敬重的。没有他在抗战时期所从事的这些救亡活动，我们后人将会多么遗憾地面对这段历史。此诗写于1941年，作家当时抛家弃室独自一人在重庆，在“七七”纪念这一沉重的日子里，诗人带着血染的记忆回顾这场已历时五年的残酷战争，笔端流露的不是对远方妻儿的挂念，而是期待早日收复沦丧的国土的迫切心情。在那段战火纷飞的日子里，老舍在国难当头之际，他以“一生应为天下先”的担当毅然担起抗战文艺的重担，用自己的笔，用自己的民族气节勾画出一位爱国文人的高尚情操。(吴正平)

闻一多

闻一多(1899—1946),本名闻家骅,字友三,生于湖北省黄冈市浠水县,中国现代伟大的爱国主义者,坚定的民主战士,中国民主同盟早期领导人,中国共产党的挚友,新月派代表诗人和学者。1912年考入清华大学留美预备学校。1925年3月在美国留学期间创作《七子之歌》。1928年1月出版第二部诗集《死水》。1932年回到母校清华大学任中文系教授,抗战期间任西南联大教授。1946年7月15日在云南昆明被国民党特务暗杀。出版有《闻一多全集》12卷。

一句话

有一句话说出就是祸,
有一句话能点得着火。
别看五千年没有说破,
你猜得透火山的缄默?
说不定是突然着了魔,
突然青天里一个霹雳
爆一声:
“咱们的中国!”

这话教我今天怎么说?

你不信铁树开花也可，
那么有一句话你听着：
等火山忍不住了缄默，
不要发抖，伸舌头，顿脚，
等到青天里一个霹雳
爆一声：
“咱们的中国！”

——选自《闻一多全集》

【赏析】

朱自清曾评价闻一多是不多的在抗战爆发之前就专力写爱国主义诗歌的诗人。1925 年诗人留美回国，看到的是封建军阀统治下的黑暗现实和民不聊生的景象，美国生活给他留下的屈辱、对中国现实的感慨以及他那深厚的国学修养都使得诗人在感情世界方面不断凝聚着、燃烧着爱国主义的能量。这种情绪在这首诗中得到充分体现。

全诗以“咱们的中国”为构思中心，运用写实和隐喻相结合的手法，表明诗人对人民反抗的力量充满信心，反复咏叹，极力渲染烘托。针对一些对中国前途悲观、不相信民众者发出警告，用“铁树开花”比喻建设“咱们的中国”来之不易但终会成事实。通过“我”坚信与“你”不相信的对比，引发出不信者可能会产生的惊慌、反感等种种诧异的表现，从而进一步衬托出民众反抗的必然性和突发性，表明诗人对民众解放自己、改造旧中国的潜在力量坚信不疑。“咱们的中国”，韵味无穷，“咱们”一词已经生动地表现了闻一多那强烈的主人意识、个性意识，它的潜台词就是：这中国是我们大家的，不能任其衰弱毁灭，也不允许那些对中国命运悲观绝望者将它轻易断送！（吴正平）

最后一次演讲

这几天，大家晓得，在昆明出现了历史上最卑劣最无耻的事情！李先生究竟犯了什么罪？竟遭此毒手，他只不过用笔写写文章，用嘴说说话，而他所写的，所说的，都无非是一个没有失掉良心的中国人的话！大家都有一枝笔，有一张嘴，有什么理由拿出来讲啊！有事实拿出来说啊！（闻先生声音激动了）为什么要打要杀，而且又不敢光明正大的来打来杀，而偷偷摸摸的来暗杀！（鼓掌）这成什么话？（鼓掌）

今天，这里有没有特务？你站出来！是好汉的站出来！你出来讲！凭什么要杀死李先生？（厉声，热烈地鼓掌）杀死了人，又不敢承认，还要诬蔑人，说什么"桃色事件"，说什么共产党杀共产党，无耻啊！无耻啊！（热烈地鼓掌）这是某集团的无耻，恰是李先生的光荣！李先生在昆明被暗杀，是李先生留给昆明的光荣！也是昆明人的光荣！（鼓掌）

去年"一二·一"昆明青年学生为了反对内战，遭受屠杀，那算是青年的一代献出了他们最宝贵的生命！现在李先生为了争取民主和平而遭受了反动派的暗杀，我们骄傲一点说，这算是像我这样大年纪的一代，我们的老战友，献出了最宝贵的生命！这两桩事发生在昆明，这算是昆明无限的光荣！（热烈地鼓掌）

反动派暗杀李先生的消息传出以后，大家听了都悲愤痛恨。我心里想，这些无耻的东西，不知他们是怎么想法，他们的心理是什么状态，他们的心怎样长的！（锤击桌子）其实简单，（低沉渐离）他们这样疯狂的来制造恐怖，正是他们自己在慌啊！在害怕啊！所以他们制造恐怖，其实是他们自己在恐怖啊！特务们，你们想想，你们还有几天？你们完了，快完了！你们以为打伤几个，杀死几个就可以了事，就可以把人民吓倒了吗？其实广大的人民是打不尽的，杀不完的！要是这样可以的话，世界上早没有人了。你们杀死一个李公朴，会有千百万个李公朴站起来！你们将失去千百万的人民！你们看着我们人少，没有力量？告诉你们，我们的力量大得很，强得很！看今天来的这些人都是我们的人，都是我们的力量！此外还有广大的市民！我们有这个信心：人民的力量是要胜利的，真理是永远是要胜利的，真理是永远存在的。历史上没有一个反人民的势力不被人民毁灭的！希特勒，墨索里尼，不都在人民之前倒下去了吗？翻开历史看看，你们还站得住几天！你们完了，快了！快完了！我们的光明就要出现了。我们看，光明就在我们眼前，而现在正是黎明之前那个最黑暗的时候。我们有力量打破这个黑暗，争到光明！我们光明，恰是反动派的末日！（热烈地鼓掌）

反动派故意挑拨美苏的矛盾，想利用这矛盾来打内战。任你们怎么样挑拨，怎么样离间，美苏不一定打呀！现在四外长会议已经圆满闭幕了。这不是说美苏间已没有矛盾，但是可以让步，可以妥协。事情是曲折的，不是直线的。

李先生的血不会白流的！李先生赔上了这条性命，我们要换来一个代价。“一二·一”四烈士倒下了，年青的战士们的血换来了政治协商会议的召开；现在李先生倒下了，他的血要换取政协会议的重开！（热烈地鼓掌）我们有这个信心！（鼓掌）

“一二·一”是昆明的光荣，是云南人民的光荣。云南有光荣的历史，远的如护国，这不用说了，近的如“一二·一”，都属于云南人民的。我们要发扬云南光荣的历史！（听众表示接受）

反动派挑拨离间，卑鄙无耻，你们看见联大走了，学生放暑假了，便以为我们没有力量了吗？特务们！你们看见今天到会的一千多青年，又握起手来了，我们昆明的青年决不会让你们这样蛮横下去的！

反动派，你看见一个倒下去，可也看得见千百个继起的！

正义是杀不完的，因为真理永远存在！（鼓掌）

历史赋予昆明的任务是争取民主和平，我们昆明的青年必须完成这任务！

我们不怕死，我们有牺牲的精神！我们随时像李先生一样，前脚跨出大门，后脚就不准备再跨进大门！（长时间的鼓掌）

——选自《闻一多作品精选》

【赏析】

《最后一次演讲》是闻一多在1946年7月的李公朴追悼会上所做的讲演，会上由于混入了国民党特务，在李公朴夫人血泪控诉的过程中，他们毫无顾忌，说笑取闹，扰乱会场，使人们忍无可忍，李夫人刚刚离开讲台，闻一多先生就拍案而起，满腔悲愤地发表了这一篇演讲。在讲演中闻一多对以蒋介石为首的国民党反动派的倒行逆施做出了深刻的揭露和批判。会后闻一多先生又参加了记者招待会，在他返家途中，被特务分子暗杀了，这篇演讲就成了他的“最后一次演讲”。抗日战争胜利后诗人原计划回到清华园中继续他的国学研究，但此时美帝国主义和蒋介石反动政府内外勾结，疯狂策划反共反人民的内战，妄图使中国永远沦为半封建半殖民地的地位。这种倒行逆施的行为，自然遭到全国人民的反对，“反内战、反独裁”的爱国主义运动在全国范围内蓬勃兴起，面对反动政府制造的白色恐怖，诗人毫无惧色，就像在诗人的墓志铭上所镌刻的那样：“诗人的天赋是爱，爱他的祖国，爱他的人民”。诗人最终以行动践行了他的爱国理念。（吴正平）

方志敏

方志敏(1899—1935),江西弋阳人,伟大的无产阶级革命家、军事家,杰出的农民运动领袖,土地革命战争时期赣东北和闽浙赣革命根据地的创建人。曾任县委书记、特委书记、省委书记、军区司令员、江西省农民协会秘书长、闽浙赣省苏维埃政府主席、红十军政委,第十军团军政委员会主席。1934 年率领红军抗日先遣队北上,次年 1 月在与国民党反革命军队作战中被捕。同年 8 月 6 日在南昌被国民党反动派杀害。遗著有《可爱的中国》《狱中纪实》等。

诗一首

敌人只能砍下我们的头颅,
决不能动摇我们的信仰!
因为我们信仰的主义,
乃是宇宙的真理!

为着共产主义牺牲,
为着苏维埃流血,
那是我们十分情愿的啊!

——选自萧三主编《革命烈士诗抄》

【赏析】

1934 年,方志敏奉命率红军抗日先遣队北上。至皖南遭国民党军重兵围追堵截，浴血奋战两月余，被7倍于己的敌军围困，终因寡不敌众，在江西玉山陇首村被俘。从身陷囹圄到慷慨就义的6个月里，他不仅与敌人屡屡劝降进行矢志不渝的斗争，还写下了《可爱的中国》《清贫》等十多万字手稿，为党和人民留下了一份极其珍贵的革命遗产。本诗开头，“敌人只能砍下我们的头颅”，说明诗人已经抱定了必死的决心，但“决不能动摇我们的信仰”！这种信仰极具精神影响力，也最能触动人心：“因为我们信仰的主义，乃是宇宙的真理！”诗人坚信他所执著的信念，乃是放之四海而皆准的“宇宙的真理”。信仰“宇宙的真理”，求得全人类的解放，是烈士超越个人，甚至是超越国家民族的崇高境界。这是一般人根本不可企及的。最后，诗人自豪地宣告：“为着共产主义牺牲，为着苏维埃流血，那是我们十分情愿的啊！”这是何等坚定的革命信念，何等高尚的革命情操！诗人以自己的生命和鲜血，谱写了一曲革命英雄主义的赞歌。表现了一个无产阶级革命家大无畏的革命精神和对共产主义的坚定信念。（别蓉）

可爱的中国（节选）

朋友！中国是生育我们的母亲。你们觉得这位母亲可爱吗？我想你们是和我一样的见解，都觉得这位母亲是蛮可爱蛮可爱的。以言气候，中国处于温带不十分热，也不十分冷，好像我们母亲的体温，不高不低，最适宜于孩儿们的偎依。以言国土，中国土地广大，纵横万数千里，好像我们的母亲是一个身体魁大，胸宽背阔的妇人，不像日本姑娘那样苗条瘦小。中国许多有名的崇山大岭，长江巨河，以及大小湖泊，岂不象征着我们母亲丰满坚实的肥肤上之健美的肉纹和肉窝？中国土地的生产力是无限的；地底蕴藏着未开发的宝藏也是无限的；废置而未曾利用起来的天然力，更是无限的；这又岂不象征着我们的母亲，保有着无穷的乳汁，无穷的力量，以养育她四万万的孩儿？我想世界上再没有比她养得更多的孩子的母亲吧。至于说到中国天然风景的美丽，我可以说，不但是雄巍的峨嵋，妩媚的西湖，幽雅的雁荡，与夫"秀丽甲天下"的桂林山水，可以傲睨一世，令人称羡；其实中国是无地不美，到处皆景，自城市以至乡村，一山一水，一丘一壑，只要稍加修饰和培植，都可以成流连难舍的胜景；这好像我们的母亲，她是一个天资玉质的美人，她的身体的每一部分，都有令人爱慕之美。中国海岸线之长而且弯曲，照现代艺术家说来，这象征我们母亲富有曲线美吧。咳！母亲！美丽的母亲，可爱的母亲，只因你受着人家的压榨和剥削，弄成贫穷已极；不但不能买一件新的好看的衣服，把你自己装饰起来；甚至不能买块香皂将你全身洗擦洗擦，以致现出怪难看的一种憔悴褴褛和污秽不洁的形容来！啊！我们的母亲太可怜了，一个天生的丽人，现在却变成叫化的婆子！站在欧洲、美洲各位华贵的太太面前，固然是深愧不如，就是站在那日本小姑娘面前，也自惭形秽得很呢！

听着！朋友！母亲躲到一边去哭泣了，哭得伤心得很呀！她似乎在骂着："难道我四万万的孩子，都是白生了吗？难道他们真像着了魔的狮子，一天到晚的睡着不醒吗？难道他们不知道自己伟大的团结力量，去与残害母亲、剥削母亲的敌人斗争吗？难道他们不想将母亲从敌人手里救出来，把母亲也装饰起来，成为世界上一个最出色，最美丽、最令人尊敬的母亲吗？"朋友，听到没有母亲哀痛的哭骂？是的，是的，母亲骂得对，十分对！我们不能怪母亲好哭，只怪得我们之中出了败类，自己压制自己，眼睁睁的望着我们这位挺慈祥美丽的母亲，受着许多无谓的屈辱，和残暴的蹂躏！这真是我们做孩子们的不是了，简直连一位母亲都爱护不住了！

……

中国真是无力自救吗？我绝不是那样想的，我认为中国是有自救的力量的。最近十几年来，中国民族，不是表示过它的斗争力量之不可侮吗？弥漫全国的“五卅”运动，是着实的教训了帝国主义，中国人也是人，不是猪和狗，不是可以随便屠杀的。省港罢工，在当时革命政权扶助之下，使香港变成了臭港，就是最老牌的帝国主义，也要屈服下来。以后北伐军到了湖北和江西，汉口和九江的租界，不是由我们自动收回了吗？在那时帝国主义在中国的威权，不是一落千丈吗？

……

朋友，虽然在我们之中，有汉奸，有傀儡，有卖国贼，他们认仇作父，为虎作伥；但他们那班可耻的人，终竟是少数，他们已经受到国人的抨击和唾弃，而渐趋于可鄙的结局。大多数的中国人，有良心有民族热情的中国人，仍然是热心爱护自己的国家的。现在不是有成千成万的人在那里决死战斗吗？他们决不让中国被帝国主义所灭亡，决不让自己和子孙们做亡国奴。朋友，我相信中国民族必能从战斗中获救，这岂是我们的自欺自誉吗？

不错，目前的中国，固然是江山破碎，国弊民穷，但谁能断言，中国没有一个光明的前途呢？不，决不会的，我们相信，中国一定有个可赞美的光明前途。中国民族在很早以前，就造起了一座万里长城和开凿了几千里的运河，这就证明中国民族伟大无比的创造力！中国在战斗之中一旦斩去了帝国主义的锁链，肃清自己阵线内的汉奸卖国贼，得到了自由与解放，这种创造力，将会无限地发挥出来。到那时，中国的面貌将会被我们改造一新。所有贫穷和灾荒，混乱和仇杀，饥饿和寒冷，疾病和瘟疫，迷信和愚昧，以及那慢性的杀灭中国民族的鸦片毒物，这些等等都是帝国主义带给我们可憎的赠品，将来也要随着帝国主义的赶走而离去中国了。朋友，我相信，到那时，到处都是活跃的创造，到处都是日新月异的进步，欢歌将代替了悲叹，笑脸将代替了哭脸，富裕将代替了贫穷，康健将代替了疾病，智慧将代替了愚昧，友爱将代替了仇杀，生之快乐将代替了死之忧伤，明媚的花园，将代替了凄凉的荒地！这时，我们民族就可以无愧色的立在人类的面前，而生育我们的母亲，也会最美丽地装饰起来，与世界上各位母亲平等地携手了。

这么光荣的一天，决不在辽远的将来，而在很近的将来，我们可以这样相信的，朋友！

……我老实的告诉你们，我爱护中国之热诚，还是如小学生时代一样的真诚无伪；我要打倒帝国主义为中国民族解放之心还是火一般的炽烈。不过，现在我是一个待决之囚呀！我没有机会为中国民族尽力了，我今日写这封信，是我为民族热情所感，用文字来作一次为垂危的中国的呼喊，虽然我的呼喊，声音十分微弱，有如一只将死之鸟的哀鸣。

啊！我虽然不能实际的为中国奋斗，为中国民族奋斗，但我的心总是日夜祷祝着中国民族在帝国主义羁绊之下解放出来之早日成功！假如我还能生存，那我生存一天就要为中国呼喊一天；假如我不能生存——死了，我流血的地方；或者我瘗骨的地方，或许会长出一朵可爱的花来，这朵花你们就看作是我的精诚的寄托吧！在微风的吹拂中，如果那朵花是上下点头，那就可视为我对于为中国民族解放奋斗的爱国志士们在致以热诚的敬礼；如果那朵花是左右摇摆，那就可视为我在提劲儿唱着革命之歌，鼓励战士们前进啦！

亲爱的朋友们，不要悲观，不要畏馁，要奋斗！要持久地艰苦地奋斗！把各人所有的智慧才能，都提供于民族的拯救吧！无论如何，我们决不能让伟大的可爱的中国，灭亡于帝国主义的肮脏的手里！

——选自方志敏著《可爱的中国》

【赏析】

1935年,方志敏同志牺牲前利用敌人招降提供的笔和纸,在狱中写下了《可爱的中国》《清贫》等传世名篇。《可爱的中国》以作者亲身经历概括了中国近代的悲惨历史,愤怒地控诉了帝国主义对中国人民的肆意侵略,号召每一个有志青年拿起武器,捍卫祖国的尊严。作者满怀着爱国主义热情,把祖国比作"生育我们的母亲",觉得这位母亲"是蛮可爱蛮可爱的"。无论是她宜人的气候,还是她广阔的国土;无论是天然自成的风景,还是弯曲延长的海岸线,母亲都是"美丽的""可爱的"。然而,在帝国列强的"压榨和剥削"下,母亲"贫穷已极";汉奸军阀竟也帮助那些恶魔杀害自己的母亲,让母亲"受着许多无谓的屈辱,和残暴的蹂躏!"因此作者大声疾呼,"母亲快要死去了","救救母亲呀!"他认为"中国是有自救的力量的",相信"中国民族必能从战斗中获救"!作者虽身陷囹圄,但他是多么渴望再次亲身投入到为祖国浴血奋战的纷飞炮火中啊!全篇用对朋友的口吻,来劝诫国人,唤醒国人,显得异常亲切;用拟人手法形象生动地写出了"可爱的"祖国母亲的伤痛无奈,无情痛斥了伤害祖国母亲的帝国主义强盗和我们民族的"败类",严厉批评和鞭挞了那些麻木冷漠的国人,表达了作者深切的爱国情怀。篇末,作者向人们展示了中国革命的光明前景,描绘出革命胜利后祖国未来的美好幸福的景象,表达了他坚定的理想信念和强烈的民族自信心。(别蓉)

夏明翰

夏明翰(1900—1928),祖籍湖南衡阳,生于湖北秭归。早年参加学生运动,1920 年在长沙结识了毛泽东、何叔衡等人,次年经毛、何介绍加入中国共产党,从事农运工作,1927 年在武汉任农民运动讲习所秘书,培养了大批农运骨干和积极分子。曾任中共湖南省委委员,省委组织部长、中共湖北省委常委等职。1928 年 3 月因叛徒出卖,在武汉被捕,英勇就义。夏明翰同志是湘鄂赣农民运动领袖,湖南、湖北早期党组织的重要领导人。

就义诗

砍头不要紧,
只要主义真。
杀了夏明翰,
还有后来人。

——选自萧三主编《革命烈士诗抄》

【赏析】

夏明翰烈士临刑前,当敌人的执行官问他还有什么话要说时,他当即回答:“有,给我拿纸笔来!”要来纸笔后,他一挥而就,用热血和信念写下了这首大义凛然、气贯长虹的遗诗。“砍头不要紧,只要主义真。”充分体现了一个革命者对心中热切向往的“主义”——共产主义理想矢志不渝的信仰与追求,以及为了争取实现自己所信仰的“主义”早已把生死置之度外的英雄气概和大无畏精神。“杀了夏明翰,还有后来人。”深情表达了一个共产党员在信仰的支撑下,甘愿为追求真理,践行“主义”而身体力行,哪怕抛头颅、洒热血也在所不辞的博大胸怀和崇高境界,以及深信中国的革命事业一定会有许许多多“后来人”前赴后继地浴血奋斗,直至彻底胜利的坚定信念和乐观精神。夏明翰深知,对共产主义理想的信仰,不仅是他终生的奋斗目标,更是他全部生命的价值之所在。因此,信仰的力量使他在血雨腥风的“白色恐怖”中对自己所信仰的“主义”从不动摇,甚至可以为践行“主义”舍弃一切,乃至自己的宝贵生命。毛泽东同志说得好,“主义譬如一面旗帜”。夏明翰坚信,只要旗帜树起来了,就会应者云集。自己牺牲后,一定会有无数和自己一样信仰共产主义的“后来人”,为实现自己所信仰的“主义”,毫无畏惧,迎难而上,舍生忘死,毅然前行。这首诗写得高昂、悲壮,诗中所表现的共产党人为实现自己所信仰的“主义”视死如归的浩然正气和英雄气概,感人肺腑,撼人心魄。先烈们用血肉之躯和坚定信念换来中华复兴的高尚情操和革命精神将永远激励“后来人”。(熊德彪)

蒋光慈

蒋光慈(1901—1931),原名蒋如恒,笔名光赤、光慈,安徽六安人。1921年赴苏联莫斯科东方大学学习。次年加入中国共产党,回国后从事文学活动,曾任上海大学教授。1927年与阿英、孟超等人组织“太阳社”,编辑《太阳月刊》《时代文艺》《新流》《拓荒者》等文学杂志,宣传革命文学。著有诗集《新梦》《哀中国》,小说《少年漂泊者》《野祭》《冲出云围的月亮》等。

在伟大的墓之前(节选)

世界革命的大旗
你的心是人类的洪钟,
你的心是红的、活的大旗,
哦,世界鹏鸟呀!
你飞腾时羽翼掩了大地。
你雄立在那山之高巅,
向那全世界的无产阶级狂喊:
“万国劳动者联合起来啊!
来!来随我开辟那幸福的乐园!
来!来随我向这旧的世界决战!”

——摘译《卡金》“列宁”一段

倘若列宁之死仅能引起俄罗斯的劳农之哀悼，倘若列宁之死仅能博得俄罗斯之热泪，则我们将不能说列宁是世界革命的首领，是全人类的先师了。但是列宁之死却引起了全世界劳农之哀悼，博得了全世界劳农之热泪。列宁死的消息传出后，我们无论在地球的那一个角上，都听着人们的哀悼，都寻着人们的泪痕。

“列宁死了！

亲爱的列宁死了！

……”

但是同时随着这种哀悼流泪的音流，我们又听见欢笑、愉快、诅咒的声波，这是全世界旧的势力、旧的阶级、旧的分子对于列宁死了的表示！

倘若列宁仅被俄罗斯的资产阶级、贵族、神父……所诅咒，而他的死仅引起俄罗斯的资产阶级、贵族、神父……之欢笑、愉快，则我们又不能说列宁是世界革命的首领了。世界革命是对于世界的旧制度总推翻，世界革命的首领是消灭旧世界的催命大将军，列宁自然要为全世界的资产阶级、贵族、神父所诅咒，列宁之死自然要引起全世界的资产阶级、贵族、神父之无限的快乐。

于是全世界劳农的悲哀与全世界统治阶级的快乐同一高的程度！

在这两种悲哀与快乐并行的声中，我们深沉地认识，认识了列宁对于人类的意义，认识了列宁是不可比拟的伟大……

十月革命虽然发生于俄国，但是十月革命的意义则不限于俄国，它是全世界革命的开始。十月革命如法国大革命一样，法国大革命开辟了资产阶级统治的世界，十月革命则开辟了无产阶级统治的世界；虽然十月革命未完成世界无产阶级统治，未把全世界的资产阶级推倒，但是它开始了世界革命，它还在继续着前进，全世界资产阶级消灭之时，就是它完成的最后。倘若谁个说十月革命是俄国一国的革命，与世界没有什么大关系，则就未免不了解十月革命的真价值。世界经济的、物质的发展将全世界无产阶级合成一个整体，再不能有严密的国界的、地域的分别。所谓全世界无产阶级的革命，到了现在，不但是需要的，而且是可能的。本来接着欧战，世界革命是应当爆发的，我们的列宁先生也曾如此预料。不料十月革命爆发后，各国无产阶级因物质条件的妨阻，思想的未完成，不能为即时的响应。这的确是一件很可惜的事情。

但是十月革命是世界革命的开始，十月革命虽未能一时完成世界革命，但它绝不能终止进行，绝不能缩小自己的职任。我们想起十月革命，不得不想起列宁，想起列宁，又不得不想起共产国际——指挥世界革命的总机关。那为世界革命、无产阶级和社会主义的叛贼的第二国际，已经失却自己指挥的作用，于是有所谓共产国际的实现，这个共产国际就是在列宁的指挥之下所成立。共产国际是世界革命的总机关，而列宁是它的大旗。共产国际是世界革命的总机关，而列宁——大旗的作用在于号召被压迫的群众，做人类解放的象征，规定世界革命的方向。这一面大旗令世界统治阶级和一切仇视新世界的人们见之丧胆，全世界被压迫的民众和一切厌恶旧世界的人们见之兴奋。

哦！好一面照得天地赤红的大旗！

列宁生前因为做了苏俄的人民委员长，不能兼做共产国际的会长，但是这并没有什么紧要，谁个也晓得列宁是共产国际的指导人和化身。我们试一读他的演说，他写与各国工人阶级的书信，我们可以看出他在世界革命运动上有如何大的作用。他不但对于欧美先进国的工人阶级尽力地帮助，并且对于落后的国家，被压迫的民族，也是一样地热烈，也是一样地代他们筹划，俾全人类能够达到解放的目的。

列宁真是全人类的福音啊……

不幸十月革命未能即时完成世界革命，列宁只能做苏俄的人民委员长，不免关于社会主义的建设、措施，都只能限于苏俄一块土地。但是列宁从未将苏俄看为一个最终的目的，或以为苏俄治好了就算完事。他永远将苏俄看做东西革命运动的连环，世界革命之一个必要的大本营，全世界无产阶级战胜资本家的根据地。列宁以为只有把苏俄巩固了，终能使全世界无产阶级运动有所依恃；但是在别一方面若全世界无产阶级的联合机关无势力，则苏俄自身亦将不能保存，因此列宁用自己全身、全心、全力量巩固共产国际。只有如此才能达到劳动阶级解放的目的，只有如此才能促成新的世界之实现。

哥尔基说："……我还继续地想，如我前二年所想一样，对于列宁，俄罗斯不过是开始全世界之一个经验的材料。"

是的！对于列宁，俄罗斯不过是开始全世界之一个经验的材料！

若列宁的眼光只限于苏俄，列宁的愿望只限于解放苏俄境内的劳农，则列宁将不能成其为列宁了。不错，若某一个人愿望将自己一国内的劳农解放，则已经是很伟大，很令人敬佩；但是我们不能拿这个范围来论列宁。列宁的行动、主义是以全世界为标准的，他的愿望是解放全人类，他在人类史上所做的事业，谁也不能够同他相比拟。他所给予全世界劳苦群众的东西，将永远不被忘却，将永远如日月的经天，如江河的行地。他的肉体虽死了，而他的精神将永远地活着，将永远会深化在人类心灵里。

列宁本身是人类解放的象征，是世界革命的大旗，大旗所放射的异彩将永远炫耀于人们的眼底深处。历史既然产生了一个列宁，列宁既然为人类做了不朽的事业，列宁实无死的可能。也或者那克里姆林宫城下所掩埋的棺木已经朽了，那棺木内的尸骨已经化了，但是列宁还没有死啊！

列宁不死，列宁永远地不死！

说到这里，我又想起那冰天雪地莫斯科城中的一个小学生，大约是列宁死后的第二天罢？我看见我们寄宿舍隔壁住的一个小学生——他或者十三岁，很聪明，很可爱的一个小孩子！——他没有从前那样高兴似的。我就问他：

“你为什么不高兴呢？”

“你现在难道高兴么？”

我被他这一反问，倒觉不大好意思了。

“不，列宁死了！……”

他听了我的话后，沉吟了一回，说道：

“不错，列宁死了，我很为之悲哀。我的父亲昨天竟哭了。今天他拿了一块大红布，在上面写着：‘列宁是世界革命的大旗，列宁主义是达到人类解放的工具。列宁永远地不死！’他写过之后，又解释给我听，我现在还想着我父亲所说的话。你是不是……？”我父亲说，“‘列宁不但是我们俄国人的，并且是东方人、西方人、中国人、印度人的。’你听见他死了，你也不高兴吗？”

我听了他这一番话，我不知道拿什么话来回答他。现在离列宁之死，已经一年了。际此周年纪念的日子，使我更不得不回忆那冰天雪地莫斯科城中的一个小学生所说的话……

——选自《蒋光慈文集》

【赏析】

一位苏联诗人这样写道：在克里姆林宫红场下，会聚着无数万无数万人们……全世界都低着头，抬在肩上，送这红色的伊里奇的灵柩。在那鞭笞底下的黑奴，或许正在那热带的地方痛哭，那长期受压迫的中国人，也将怀着无限的、深沉的忧愁。这一天，在红场上为列宁送葬的人海中，也有来自中国的代表，其中有正在莫斯科东方劳动者大学学习的萧三、任弼时、蒋光慈等。在列宁逝世一周年纪念日，蒋光慈发表了散文《在伟大的墓之前》，至今读来仍令人激动不已。十月革命的本质是以社会主义方式清除俄国现代化的障碍，推进国家的现代化。十月革命它是俄国历史上最深刻的一次社会革命，建立了世界上第一个无产阶级领导的、以工农联盟为基础的社会主义国家，列宁在俄罗斯树起的这面红旗，使世界进入了一个由资本主义向社会主义过渡的新时期，打破了资本主义一统天下的局面，宣告一种新的社会制度由理想变为现实；而中国几代的革命领袖继续扛起这面光荣的旗帜，带领全国各族人民实现了中华民族的解放，让中国社会进入社会主义发展道路的新时期，并自觉地把国际无产阶级的斗争同被压迫民族的解放运动连为一体，在黑暗中点燃了全世界被压迫民族心中的明灯。（吴正平）

陈 毅

陈毅(1901—1972),名世俊,字仲弘,四川乐至人,中国共产党党员。久经考验的无产阶级革命家、政治家、军事家、外交家、诗人;中国人民解放军的创建者和领导者之一、参与发动南昌起义,后协助朱德上井冈山,曾任新四军军长。新中国成立后授予元帅军衔。历任中共中央军委副主席、国务院副总理兼外交部长、国防委员会副主席、全国政协副主席。中共中央委员、中央政治局委员等职。1972 年去世。

梅岭三章(其一)

一九三六年冬,梅山被围。余伤病伏丛莽间二十余日,虑不得脱,得诗三首留衣底。旋围解。

断头今日意如何?创业艰难百战多。
此去泉台招旧部,旌旗十万斩阎罗。

——选自《陈毅诗词选集》

【赏析】

在陈毅光辉的一生中,有 20 多年的时间是在铁马金戈的枪林弹雨中度过的,而赣南的三年游击战,正如陈毅自己说的那样,“是我在革命斗争中所经历的最艰苦最困难的阶段”。《梅岭三章》可以说是反映这一历史阶段的最具有代表性的杰作。诗人以其崇高的革命情操,临危而斗志弥坚的豪迈胸怀,谱写成这一不朽的壮烈诗篇。这组诗便是陈毅同志被困梅山，自料难免牺牲的情况下写成的一组带有绝笔性质的诗篇，主要在于抒写一个革命者面对牺牲的胸怀，而不在于述说革命创业的艰难。因而首句“断头今日意如何”，恰似晴空中的一声惊雷，把一个革命者面对牺牲的情景一下子推到了读者面前，给整个组诗造成了一种苍茫悲壮的基调。后两句以“此去泉台招旧部，旌旗十万斩阎罗”作结，是对前面自问式起句的呼应，也可以说是自答之词。但这里丝毫没有议论式的叙说，而是以浪漫主义手法运用奇特的悬想，形象地表明了陈毅对革命事业无限忠诚，至死不渝的心迹，即使化作鬼魂，也要在九泉之下带领雄兵十万，将反动的统治者彻底埋葬！这个结句犹如空谷中一声惊天动地的长鸣，壮怀激烈，使人拍案叫绝，具有极大的艺术感染力。一个视死如归，正气凛然的共产党人的光辉形象，昂然挺立在读者的面前。（吴正平）

江南抗战之春（节选）

战斗的春天

然而今天却不同了，不到一个整年，我便亲眼看见江南的春景。

从旧历二月起，江南很快脱去了冬日的萧索景象，换上艳丽的春装。菜黄、麦秀、柳青、桃红、墙白，到处组成一幅色彩鲜明的图画。远山似在雾中飘浮着，每一人家常常是流水萦回和垂柳环绕，当面又是一块明镜似的池塘，这仿佛是经过人工安排的花园；尤其在湖泊地区，月光之下湖水盈盈，景物更为秀丽。就连我们部队同志过去认为毫无战术价值的茅山，现在也富有生气了。

原来我们部队是在南方各省的山区成长起来的，惯于山地作战。当我们向江南平原挺进时，指望茅山山脉作为我们建立抗日游击根据地的依托。我们想象中的茅山，应该是“崇山峻岭，茂林修竹”。哪知道去年真到了茅山时，才看见茅山不仅山上无树、无花，连茅草也不多不厚；既藏不下单人独马，当然也隐蔽不了较大的部队，这使我们大为失望。不料经过半年多的工作，我们熟悉了茅山的地形和民情，山的茅草不仅多而且很厚，多数的山窝曲折处，远不能见，近看才大有深奥可资利用。埋藏几支不大的游击队作为转移的依托是完全可能的。这样，今年的茅山便在我们抗日部队的心目中，增加了美丽和价值。

我幼年在成都受中小学教育，我对成都盆地的风景，很熟悉。拿它来比江南，两地差不多，江南麦季碧绿如油的风景，恐在川西还见不到。哈哈，我真幸运，亲眼看见了秀丽的江南。江南人听见我说这话，就说："你还没有到过苏州、无锡啊！那一带才是真正的江南！"这样的话，又引导我转而展望太湖沿岸。是的，我们部队的先遣队已经挺进到太湖东岸与当地人民游击队结合起来了，我是部队指挥员，我应该亲自到那一带去看一看，看看那新扩大的游击区和美丽的江南风光！

在一天傍晚散步的时候，我跟同伴们跑上一个高高的浅山。大家向远处瞭望，指认云树：那是茅山，那是乾元观，再过去就是宝华山脉，山脉的西头就是有名的龙潭。再往东南方面看，便是太湖沿岸，那边是长荡湖，那边是宜兴山区，正东就是苏州、无锡，往北过铁道就是长江到江北的线路。夕阳的红光平铺地照着金黄色的油菜花，河堤上边的杨柳，成线式地向远处延伸。河内的舟船，远看上去，那张挂着的风帆，慢慢地移动着，笔直地擦过树梢。还有点缀在这些场子里的最生动的景象，是十几个儿童骑着牛，兴高采烈地向疏落的农舍加鞭。同伴中有一人突然高叫："好一幅阳春烟景！"

我立即加一句。"这儿却多了一个东西！"

"多了个什么东西？"同伴问。

"你们猜一猜。"

"多了露天的茅厕？"

“不是！”

“多了炕山芋？”[1]

“更不是。”

“那猜不着，得你自己说明。”

“美丽的江南，多了一个日本鬼子啊！”

大家都笑了，“说得不错，必须把日本帝国主义赶出去！我们应趁着春天的好天气，多进行一些战斗！”这是大家散步时的共同意见。

这时，我记起一个同志写给我的信，信中说：“我爱这战斗的春天，我爱这春天的战斗！”这句话很好，我们确实在与日本军队顽强地战斗着，当着这美好的春天！

——选自《抗战之春》

【注释】

[1]古时江南土匪很多，经常进行敲诈勒索，他们把财主捉住，用火烘烤，以榨取钱财，人们称这为“炕山芋”。

【赏析】

《江南抗战之春》所记都是作者当年作为一名新四军老战士的亲身经历，他在指挥千军万马的间隙，不忘以文学的笔触报告战局，现在读来，仿佛亲历其中，既能感受到战争的硝烟，又能感受到一个民族在战火中成长站立起来。所节选的这一节叙写新四军与江南民众共同抗击敌人的同时，将士们都不禁陶醉于绮丽的春光之中。将军不失时机地向战士们打趣，问在这一片田园牧歌般的风物中“多了个什么东西”，在众人解谜未果时又及时揭出谜底：“美丽的江南，多了一个日本鬼子啊！”官兵之间的对话生动活泼，充满了“把日本帝国主义赶出去”的必胜信心，更充溢着对美好家园的珍惜之情。文章最后用“我爱这战斗的春天，我爱这春天的战斗！”点题，这是陈毅与夫人张茜当年相识后鸿雁传情，张茜书信中的一句话，陈毅极为赞赏，特地引用了这句，抗击日寇、保家卫国的战斗豪情一览无余。（吴正平）

赵世炎

赵世炎(1901—1927),重庆酉阳人,1920年赴法国勤工俭学,与周恩来等发起成立旅法中国共产党的早期组织。回国后,曾担任中共北京地方执行委员会委员长、中共北方区执行委员会宣传部长兼工运委员会主任,协助李大钊领导北方各省革命工作。1927年出席中共五大,被选为中央委员,任江苏省委代理书记。同年因叛徒出卖,在上海被捕,英勇就义。

远望莫斯科

我们站立在巴黎铁塔顶上,
高处不胜寒,
一片茫苍苍。
翘首远望,
遥指北方,
万千风光,令人神往!
听呵!列宁在演讲,
人民群众在拍掌,
《国际歌》响震云霄,
欢呼口号声若狂。
看呵!满天大雪,

无数红旗飘扬；
工农武装，
打倒了沙皇，
赶走了豺狼，
肃清着奸匪，
保护着党。
让我们齐声高呼：
共产主义万寿无疆。

——选自萧三主编《革命烈士诗抄续编》

【赏析】

赵世炎等一批经受五四运动洗礼的革命青年，为了改变中国战乱贫弱的面貌，怀着一腔热血来到巴黎公社的发源地法国寻找救国救民的真理与梦想。可是当他们登上埃菲尔铁塔时，亲身感受和亲眼看到的景象却是“高处不胜寒，一片茫苍苍”。心中的理想与眼前的现实落差太大，使他们顿时陷入了沉思与迷茫。但作为中共旅欧支部的创始人之一的追梦者赵世炎，并没有因苦闷而沉沦，而是抬起头来，“翘首远望，遥指北方”。他终于看到了十月革命胜利后的苏联，在红星的照耀下，“万千风光，令人神往。”诗人充分发挥想象与联想，从听觉和视觉两个方面描写“打倒了沙皇”后的苏维埃共和国如旭日东升的壮丽景象，让人陶醉，令人神往。更可贵的是作者从中看到了中国革命的道路与方向，更坚定了自己心中长期向往和追求的革命理想：中国只有和苏联一样，武装工农，赶走豺狼，肃清奸匪，保护着党，才能推翻三座大山，创建平等自由、繁荣富强之中华。因此诗人满怀发现真理的喜悦，认定十月革命的光辉必将照遍全世界。于是作者最后情不自禁地高呼：“共产主义万寿无疆”。

这首诗艺术上最突出的特色，一是反复运用排比，用短促强烈的节奏，给人以一浪高过一浪的思想冲击，显示了共产主义理想的强大

生命力;二是从情绪、景象、色彩等方面进行鲜明的对比,构成极为凝练的画面,引人深思。(熊德彪)

邓恩铭

邓恩铭(1901—1931),贵州荔波人,中国共产党的创始人之一。1920年在山东济南参与共产党早期组织的创建活动,中共一大正式代表,先后担任中共青岛市委书记、山东省委书记等职,曾在莫斯科受到列宁的接见。大革命失败后,在山东领导革命斗争,不幸被捕,壮烈牺牲,时年31岁。

诀 别

三一年华转瞬间,壮志未酬奈何天。
不惜唯我身先死,后继频频慰九泉。

——选自苏玛编著《震撼中国的100位英雄模范人物》

【赏析】

这首诗是邓恩铭在1931年临刑前写给母亲的诀别书。诗篇一开始,作者就深情地慨叹“三一年华转瞬间,壮志未酬奈何天”。诗人感叹年华转瞬即逝,这不是对已逝流年的伤感与懊悔,而是对自己终生向往追求并为之流血奋斗的砸乱旧世界,建立新中国的“壮志”未酬的深情眷恋与愧疚。一个无产阶级革命家在革命生涯的严酷斗争实践中,早就认识到,中国革命的任务十分艰巨,困难重重,必须有千千万万仁人志士前赴后继的流血牺牲,才能取得胜利。因此,诗人早已把自己的生死置之度外,准备随时为实现革命理想献出自己的宝贵生命。同时革命斗争的实践使他坚信革命自有后来人，自己牺牲之后其未酬的“壮志”和未竟的事业，一定会有无数后来者高举革命火炬，烧毁魔鬼的宫殿，让旧中国在革命的熊熊烈火中涅槃重生，迎来光明的新世界，以告慰九泉之下的英灵。因此作者充满自信而又自豪地写道：“不惜唯我身先死，后继频频慰九泉”。这首诗是邓恩铭烈士写给母亲的遗诗，它不仅是对烈士的告慰，也是对亲人的安慰，更是对后来人的激励。诗中邓恩铭同志为酬“壮志”不惜英勇献身的大无畏革命精神和实现共产主义理想的坚定信念，今天仍是鼓舞我们为实现国家富强，人民幸福，民族振兴的“中国梦”而努力奋斗的强大精神力量。（朱喜国）

汪石冥

汪石冥(1902—1928),四川江津人,1926年在武汉中央军事政治学校学习时加入中国共产党,以小学教师的身份在武汉等地的工厂从事党领导的工人运动,后服从组织安排,在湖北从事兵运工作。1928年受中共湖北省委派遣,运送武器至鄂东特委时被特务逮捕,惨遭杀害,时年26岁。汪石冥在狱中坚持斗争,没有纸笔,就用牙刷柄在囚室的石灰墙壁上刻写下一组《牙刷柄题壁诗》共四首,这里选了其中一首。

牙刷柄题壁诗(之一)

横剑跃马几度秋,男儿岂堪作俘囚?
有朝锁链捶断也,春满人间尽自由。

——选自萧三主编《革命烈士诗抄续编》

【赏析】

身陷囹圄的共产党人汪石冥在狱中回首自己的革命经历,用一句话进行概括:“横剑跃马几度秋”。一个敢于长期与敌人不屈不挠坚持斗争的革命者的英雄形象跃然纸上。如此英武的铁血男儿难道甘愿做敌人的囚徒吗?于是作者扪心自问:“男儿岂堪作俘囚?”不!坚定的革命者虽然肢体被反动派的枷锁禁锢,但向往革命和追求理想的精神与意志是锁不住的。因此对革命充满必胜信念的诗人,满怀自信地预言："有朝锁链捶断也，春满人间尽自由。"他坚信，终有一天革命者一定会捶断反动派的枷锁，让平等自由、民主幸福之花开遍华夏，"春满人间"。这两句诗不仅仅是作者矢志不渝践行革命理想的心声，同时也表达了所有革命者，乃至全体中国人民对砸碎枷锁复兴中华的追求与渴望，以及他们为实现这一伟大目标而英勇献身的坚定信念和坚强决心。正因为有这些革命先烈前赴后继地浴血奋战，终于将反动派的锁链捶断，才使神州大地"春满人间"。（朱喜国）

邓小平

邓小平(1904—1997),四川广安人。中国共产党第二代领导集体核心领导者,伟大的马克思主义者,无产阶级革命家、政治家、军事家、外交家。中国社会主义改革开放和现代化建设的总设计师。早年赴欧洲勤工俭学,归国后,全身心投入党领导的争取民族独立和人民解放的革命斗争。有《邓小平文选》三卷本出版。

来俄的志愿[1]

我一九二三年六月加入中国共产主义青年团旅欧区后,我曾在Bogon(现译为巴耶)支部任了两届宣传干事,同时受了团体的命令与傅烈同志为华工会办理工人旬报。一九二三年底因执行委员会书记部需人作事,我遂向工厂请假,一月到书记部工作。一九二四年八月,旅欧区第五届代表大会被选为区执行委员会委员,在书记局担任财政及行政的工作。一九二五年初第六届代表大会后,我又到里昂作工,后任宣传部副主任,并任青年团里昂支部训练干事。”六月,因在巴黎的负责同志为反帝国主义运动而多被驱逐,我到巴黎后“商议组织临时执行委员会,不久便又改为非常执行委员会,我均被任为委员。同时又继续进行行动委员会的反帝国主义工作,我又被团体指定为行动委员会中方书记。一九二五年八月第七届大会我又被选为区执行委员。

我过去在西欧团体工作时，每每感到能力的不足，以致往往发生错误，因此我便早有来俄学习的决心。不过因为经济的困难，使我不能如愿以偿。现在我来此了，我便要开始学习活动能力的工作。

我更感觉到而且大家都感觉到我对于共产主义的研究太粗浅。列宁说："没有革命的理论，便没有革命的行动，要有革命的行动，终能证验出革命的理论。"由此方知，革命的理论于我们共产主义者所必须的。所以，我能留俄一天，我便要努力研究一天，务使自己对共产主义有一个相当的认识。

我还觉得，我们东方的青年，自由意志颇觉浓厚，而且思想行动亦很难系统化，这实对我们将来的工作大有妨碍，所以，我来俄的志愿，尤其是要来受铁的纪律的训练，共产主义的洗礼，使我的思想行动都成为一贯的共产主义化。

我来莫的时候，便已打定主意，更坚决地把我的身子交给我们的党，交给本阶级。从此以后，我愿意绝对地受党的训练，听党的指挥，始终为无产阶级的利益而争斗。

——选自刘金田著《档案细说邓小平》

【注释】

[1]为纪念邓小平100周年诞辰，中央档案馆编辑出版了《邓小平手迹选》，其中有一篇邓小平于1926年所写的《来俄的志愿》，这是记录邓小平早期活动与思想发展的《自传》中的一部分。而《自传》则翔实记述了邓小平到莫斯科之前的生活经历、思想发展和在党团组织内工作的情况。

【赏析】

离法赴苏之前，邓小平在法国度过了五年勤工俭学的岁月，经过革命实践的不断锤炼，22岁的邓小平已经从一名普通团员成长为一名具有坚定的共产主义信仰和一定革命斗争领导经验的职业革命家。邓小平到达莫斯科后，先进入东方大学学习，不久即转入孙中山中国劳动者大学(1929 年该校改名为“中国劳动者共产主义大学”)。邓小平早期《自传》就是在这时写成的,是对其 1926 年前的人生经历和成长道路的一个小结,集中记述了他如何从一位乡村少年成长为具有坚定共产主义信念的共产党人,也是对他如何确立马克思主义世界观、人生观和价值观的集中概括。选文是《自传》的第四部分,也是全文的核心。作为一名职业革命家,斗争的实践使邓小平深感“革命的理论于我们共产主义者所必须的”。他写道:“我过去在西欧团体工作时,每每感到能力的不足,以致往往发生错误,因此我便早有来俄学习的决心,不过因为经济的困难,使我不能如愿以偿。”他坚定地表示来苏联学习的目的是“务使自己对共产主义有一个相当的认识”“尤其是要来受铁的纪律的训练、共产主义的洗礼,使我的思想行动都成为一贯的共产主义化”,从中可以窥见这位革命家高度的纪律自觉性。文章中他发出这样的誓言:“我来莫的时候,便已打定主意,更坚决地把我的身子交给我们的党,交给本阶级。从此以后,我愿意绝对地受党的训练,听党的指挥,始终为无产阶级的利益而争斗。”相信大家读到这里,都会为职业革命家坚定的理想信念而震撼。

理想信念的树立过程是一个不断洗礼的过程,不论在任何时候任何情况下都必须矢志不渝,坚定执着。从选文中可以看出,青年邓小平早早就确立了自己要为中华民族的独立解放、为中国人民的幸福安康、为党和人民事业发展而奋斗终身的远大志向。(吴正平)

祝刘伯承同志五十寿辰

(一九四二年十二月十五日)

热爱国家,热爱人民,热爱自己的党,是一个共产党员必须具备的优良品质。我们的伯承同志不但具备了这些品质,而且把他的全部精力献给了国家、人民和自己的党。在三十年的革命生活中，他忘记了个人的生死荣辱和健康，没有一天停止过自己的工作。他常常担任着最艰苦最危险的革命工作，而每次都是排除万难，完成自己的任务。他为国家和人民的解放事业负伤达九处之多。他除了国家和人民的福利，除了为党的事业而努力，简直忘记了一切。在整个革命过程中，他树立了不可磨灭的功绩。

我同伯承同志认识，是在一九三一年，那时我们都在江西中央苏区。后来都参加了长征。而我们共事，是在抗战以后。五年来，我们生活在一块，工作在一块。我们之间感情是很融洽的，工作关系是非常协调的。我们偶然也有争论，但从来没有哪个固执己见，哪个意见比较对，就一致地做去。我们每每听到某些同志对上下对同级发生意气之争，遇事总以为自己对，人家不对，总想压倒别人，提高自己，一味逞英雄，充“山大王”，结果弄出错误，害党误事。假如这些同志一切从国家、人民和党的利益出发，而不是从个人的荣誉地位出发，那又怎么会犯这样的错误呢？伯承同志便是不断地以这样的精神去说服与教育同志的。

伯承同志对于自己的使命，是兢兢业业以求实现的。过去的事情不用谈它，单以最近五年来说，奉命坚持敌后抗战，遵行三民主义、抗战建国纲领和党的政策，未尝逾越一步。他对于上级命令和指示，从未粗枝大叶，总是读了又读，研究了又研究，力求适应于自己的工作环境而加以实现，在实行中，且时时注意着检查，务使贯彻到底。“深入海底”，差不多是他日常教导同志的口语。

伯承同志热爱我们的同胞，每闻敌人奸掳烧杀的罪行，必愤慨形于颜色；听到敌人拉壮丁，便马上写出保护壮丁的指示；听到敌人抢粮食，马上就考虑保护民食的办法；听到敌人烧房子，马上提倡挖窑洞，解决人民居住问题；听到了有同志不关心群众的利益，便马上打电话或电报加以责备。还是不久前的事情吧，他看到村外的道路被水冲坏了，行人把麦地变成了道路，他便马上督促把路修好，麦地得到了保全。这类的事情，在他身上是太多了。他不仅率领着自己的部队，从大小数千次的血战中，来保护我们国家的土地和人民的生命财产，而且在日常的生活中，处处体现着共产党员热爱国家和人民的本色。

伯承同志热爱自己的同志，对干部总是循循善诱，谆谆教诲，期其进步。他同同志谈话的时间很多，甚至发现同志写了一个错字，也要帮助改正。在他感召下得到转变和发展的干部，何止千万。

伯承同志是勤读不厌的模范。他不特重视理论的研究，尤重视理论与实际的结合。他常常指导同志向下层向群众去学习，他自己也是这样做的。

伯承同志可供同志们学习的地方太多了，这些不过是其中的一枝一叶。他的模范作用，他的道德修养，他的伟大贡献，是不可能在短文中一一加以介绍的。

假如有人问，伯承同志有无缺点呢？我想只有一个，就是他除了读书工作之外，没有一点娱乐的生活。他没有烟酒等不良嗜好，他不会下棋打球，闲时只有散散步，谈谈天。他常常批评自己，对于时间太"势利"了。难道这真是他的缺点吗？这只能说是同志们对他的健康的关怀罢了。

在伯承同志五十寿辰的时候，我祝福他健康，祝福我们共同努力的事业胜利。

——选自《邓小平自述》

【赏析】

1942年是太行区根据地对敌斗争非常艰苦的一年。这一年，在日军严厉的经济封锁和残酷的大"扫荡"下，根据地粮食缺乏，军民们不得不以野菜、糠、柿子面，甚至树皮充饥。

这年冬天，又恰逢刘伯承五十岁生日。在敌后抗日军民中，刘伯承有着崇高的威望，其卓越的军事才能，高尚的人格品德，时时感染着周围的将士和群众。时任一二九师政委的邓小平决定，把祝寿活动搞得隆重一些，把这当成一项政治任务来抓。他有着更远的想法：越是在敌强我弱，生活和战斗条件异常艰苦的形势下，越是应该表彰刘伯承和一二九师的抗战功绩，鼓励大家学习刘伯承身上具有的优良美德和崇高精神，活跃一下部队的情绪，激励敌后抗日军民坚定抗战必胜的斗志和信念，从而掌握对敌政治宣传斗争的主动权。在喜庆的大会上，邓小平发表了这篇热情洋溢、感情深厚的祝寿词。

文章开篇就高度赞扬了刘伯承身上不计个人的生死荣辱、爱党爱国爱人民的优良品质，接着以工作生活中的诸多细节对此加以证明，结尾又以看似批评实为褒扬的方式写出刘伯承同志全身心对革命事业的奉献，语言亲切，情节生动。不论是在过去艰苦卓绝的革命年代，还是在今天强国之梦的新长征途中，邓小平在文中提倡的这些共产党员的优秀品质仍然是我们不可或缺的，因为共产党员所应该具备的这些优秀品质中也蕴含了一种推动历史、创造历史的不朽精神。（吴正平）

周文雍

周文雍(1905—1928),广东开平人。1925 年加入中国共产党,曾参加省港大罢工和广州起义。历任广州工人代表大会特别委员会主席、中共广州市市委组织部部长、工委书记,广州工人赤卫总队总指挥、广州苏维埃政府人民劳动委员、中共广东省委工人部长。国民革命军誓师北伐时,他组织工人,担架队、运输队,学生宣传队、卫生队,与省港罢工工人一起,给北伐军以有力援助。大革命失败后,奉命和中共两广区委妇女委员陈铁军在广州建立党的秘密联络机关,组织广州工人暴动。1928 年 1 月 27 日,由于叛徒出卖同时被捕。同年 2 月 6 日,两人在广州红花岗刑场举行了悲壮的婚礼,从容就义。2009 年 9 月 14 日,周文雍被评为 100 位为新中国成立作出突出贡献的英雄模范之一。

绝笔诗

(一九二八年二月)

头可断,肢可折,革命精神不可灭。
壮士头颅为党落,好汉身躯为群裂。

——选自萧三主编《革命烈士诗抄》

【赏析】

“头可断,肢可折,革命精神不可灭。”展现出一个革命者为了实现对崇高理想的追求，宁愿头断肢折也在所不惜的光辉形象。年轻的周文雍因受“五四”革命思想影响，积极参加学生群众的革命活动，解救劳苦大众的革命理想和共产主义的信念开始生根发芽。“壮士头颅为党落，好汉身躯为群裂。”作者在此抒发自己为了党的事业，为了人民解放，宁可抛头颅洒热血也心甘情愿的豪情壮志。广州起义失败后一个月，周文雍从香港回广州，提前回广州的陈铁军把他接到“家”里，假扮夫妻，找寻失掉联系的同志，准备在春节期间发动一次政治攻势，不幸于除夕日在寓所同时被捕。周文雍被捕后，警察局局长亲自提审，见其毫不动摇，下令用“放飞机”“坐老虎凳”“插指心”等酷刑逼供。周文雍几次昏厥，醒后仍坚不吐实，表现了一个真正的共产党人为了党的事业，为了人民的利益落头颅、裂身躯的英雄气概。在凄惨阴森的铁窗里，周文雍、陈铁军拒绝反动派的威胁利诱，宁愿丧失自由，也决不放弃信仰，决不出卖灵魂，对革命事业充满必胜的信念，坚贞不屈、豪气如虹。在血腥残暴的刑场，他们面对死亡毫不畏惧，空前绝后地举行了刑场上的婚礼。生要生得顶天立地，不同凡响；死要死得惊世骇俗，万古流芳。古往今来，正是有了像周文雍这样一些为正义、为真理、为民族、为人民从容就义，壮烈赴死的“民族脊梁”，中华民族才生生不息，繁衍不绝。（金敏）

何挺颖

何挺颖(1905—1929),陕西南郑人。早年在工人中从事党领导的革命活动,后参加北伐战争和秋收起义,1925年考入上海大同大学,参加五卅运动,不久转入上海大学学习,并加入中国共产党。后跟随毛泽东上井冈山,曾任中共湘赣边界特委委员等职,为开辟和捍卫井冈山革命根据地作出了重要贡献。1929年在行军途中遭遇国民党军袭击,英勇牺牲,时年24岁。

再寄谢左明[1]

四万万人发吼声,火山爆发世界惊。

中国有了共产党,散沙结成水门汀。[2]

——选自萧三主编《革命烈士诗抄续编》

【注释】

[1]谢左明:何挺颖从事工人运动的好友,二人经常有诗书来往。

[2]水门汀:水泥。

【赏析】

何挺颖同志长期从事工人运动,经受了严酷革命斗争的锤炼与洗礼,特别是经历了"五卅"惨案后,无产阶级的先锋——工人阶级不畏强暴,不怕牺牲,坚持斗争,血战到底的英雄气概,以及长期革命斗争的实践,使他对中国革命有了更加深切的感受和更加深刻的认识。

“四万万人发吼声，火山爆发世界惊”。这就形象地告诉我们，中国这头东方雄狮已经觉醒，并发出震天怒吼，全中国人民为推翻三座大山，建立民主富强的新中国凝心聚力，奋起抗争，像火山爆发一样让世界震惊。为什么几千年来长期一盘散沙的中国人，如今紧密团结，发挥如此巨大的威力？紧接着明确指出，只因“中国有了共产党，散沙结成水门汀”。诗人以此传达了一个他深刻认识的革命真理：只有中国共产党有能力把人民群众凝聚在一起，心往一处想，劲往一处使，汇聚成一个铁拳，朝着一个共同的目标，爆发出一股不可抗拒的力量，去砸碎万恶的旧社会，开创一片新天地，从而使我们认识到只有共产党才能救中国。这首诗语言朴素，感情真挚，用自然亲切的口语，在层层递进中揭示颠扑不破的革命真理，迄今依然熠熠生辉。（朱喜国）

臧克家

臧克家(1905—2004),山东诸城人,曾用名何嘉等,现代诗人。1939年入国立青岛大学,在闻一多的鼓励下开始发表新诗,陆续出版《烙印》《罪恶的黑手》《运河》《自己的写照》等诗集。抗战爆发后奔赴前线,创造了诗集《从军行》《泥沼集》。1942年到重庆,参加全国文艺界抗敌协会,创作了《泥土的歌》《呜咽的云烟》和长诗《古树的花朵》《淮上吟》。1946年到上海,主编《文讯月刊》,出版诗集《宝贝儿》《生命的零度》《冬天》。新中国成立后,曾任《诗刊》主编,中国作家协会书记处书记、名誉副主席,全国政协常务委员,中国毛泽东诗词研究会会长等职。出版了诗集《一颗新星》《春风集》《凯旋》《欢呼集》《李大钊》《长诗选》《忆向阳》《落照红》等,文论集《诗与生活》《杂花集》《青稞小朵集》《克家论诗》《毛主席诗词讲解》(与周振甫合写)等,主编有《中国新诗选》《毛泽东诗词鉴赏》。另有《臧克家文集》六卷本问世。

有的人

有的人活着
他已经死了;
有的人死了;
他还活着。

有的人
骑在人民头上："呵，我多伟大！"
有的人
俯下身子给人民当牛马。

有的人
把名字刻入石头想"不朽"；
有的人
情愿作野草，等着地下的火烧。

有的人
他活着别人就不能活；
有的人
他活着为了多数人更好地活。

骑在人民头上的，
人民把他摔垮；
给人民作牛马的，
人民永远记住他！

把名字刻入石头的，
名字比尸首烂得更早；
只要春风吹到的地方，
到处是青青的野草。

他活着别人就不能活的人，
他的下场可以看到；

他活着为了多数人更好地活着的人，
群众把他抬举得很高，很高。

1949年11月1日于北京

——选自《臧克家文集》

【赏析】

《有的人》写于1949年11月，是诗人为鲁迅逝世13周年写的。因为对鲁迅人品热爱之深，对鲁迅精神理解之透，从鲁迅同其对立者对待人民的两种截然的不同态度入手，以质朴的语言、强烈的对比、鲜明的形象，表现了具有哲理意义的深刻主题：有的人活着他已经死了；有的人死了他还活着。压迫人的人，“骑在人民头上”，高声叫嚷：“呵，我多伟大！”；为人民服务、为民族奋斗的人，却默默无闻，心甘情愿俯下身子给人民当牛做马。两者的品格天壤之别。诗人以强烈的爱憎情感与极其凝练的诗句，展示了两种人不同的结局：“他活着为了多数人更好的活着的人”，虽死犹生，永垂不朽；“他活着别人就不能活的人”，虽生犹死，遗臭万年。这首诗是歌颂鲁迅先生的，因此，把鲁迅的代表其精神的诗句“俯首甘为孺子牛”化为了“俯下身子给人民当牛马”；把鲁迅的代表其品格的散文诗集《野草》，化为了“情愿做野草，等着地下的火烧”的诗句来讴歌的鲁迅精神品格，就显得特别自然，特别亲切。全诗除副标题有“纪念鲁迅先生有感”外，诗文中无一鲁迅出现，然而鲁迅的音容笑貌，鲁迅的精神人格、凛然正气，都跃然纸上。由于诗人视野开阔，思维敏捷，善于开掘主题的深度，因而这首诗的思想、境界远远超出了歌颂鲁迅精神的范围，把读者引入了关于人生意义的深深思索和对一切有益于人民、有益于社会的人的崇敬，对一切危害人民、危害社会的人的憎恶。那些闪耀着思想光辉的诗句犹如璀璨的明珠，将作为座右铭而永远镶嵌在人们的心中。这首诗不仅是歌颂鲁迅的出类拔萃的精品，而且是中国现代诗歌史上的出类拔萃之作，将作为关于人生哲理的“千古绝唱”而传之久远。

全诗无一句谈哲理,然而字字与社会、与人生联系,有着强烈的哲理色彩与深厚的历史文化底蕴,是哲理的诗化,是诗化的哲理,是诗化的人生座右铭。(张永健)

陈寿昌

陈寿昌(1906—1934),浙江镇海人。1924年加入中国共产党,曾担任中共福建省委书记,湘鄂赣省委书记兼军区政委,中华苏维埃共和国中央执行委员等职。中央红军主力长征后,继续在湘鄂赣地区坚持革命斗争,1934年在战斗中负伤牺牲。

诗一首

身许马列安等闲,报效工农岂知艰。
壮志未酬身若死,亦留忠胆照人间。

——选自《中华诗词研究丛刊(革命烈士诗抄专辑)》

【赏析】

诗的头两句"身许马列安等闲,报效工农岂知艰。"意思是说,作为共产党员,信仰马克思列宁主义理所当然。既然已"身许马列",就要像民族英雄岳飞那样"莫等闲,白了少年头",及时投身到"报效工农"的革命洪流中去。他深知,纵然在解救工农劳苦大众,拯救民族危亡,振兴中华伟业的征途上有千难万险,但再大的艰险又怎能动摇自己的革命意志,早就做好了思想准备,下定了以身"报效工农"的决心。紧接着诗人以"壮志未酬身若死,亦留忠胆照人间"明志,表明自己牺牲之后虽然"壮志未酬",但没有什么遗憾,一定要像著名爱国将领文天祥那样"留取丹心照汗青",激励千千万万的后来人百折不挠地去完成自己报效工农、复兴中华的未竟事业。陈寿昌烈士牺牲时年仅28岁，这首诗是他暂短革命生涯和光辉人生历程的真实写照。诗中所表现的“身许马列”的坚定信仰，誓死“报效工农”的坚强意志，以及“亦留忠胆”、舍生取义的高风亮节，光照人间，与诗永存。（朱喜国）

王泰吉

王泰吉(1906—1934),陕西临潼人。1924年在黄埔军校学习时加入中国共产党。蒋介石发动"四一二"政变后,在陕西参与组织渭华起义,并与刘志丹等共同创建西北工农革命军,任参谋长。1934年在豫陕边境从事兵运工作时被捕,不久在西安遇难。

困顿漫语(之一)

功名不必自我成,革命实践做先锋。
遗嘱同志莫顾虑,宇宙将来到处红。

——选自萧三主编《革命烈士诗抄续编》

【赏析】

这首诗前两句是对自己以往革命生涯的回顾与总结:"功名不必自我成,革命实践做先锋。"诗人在总结自己的斗争生活历程时,活用孙中山先生"功不必自我成,名不必自我居"这两句至理名言,认识到革命的胜利,需要无数仁人志士长期坚持艰苦卓绝的斗争,前赴后继,流血牺牲,革命的成功不必要,也不可能从我开始。因此为了实现自己的理想,诗人甘愿做"革命实践"的先行者,随时准备为将来革命的胜利献出自己宝贵的生命。诗作的后两句是对革命战友的期望和对革命前景的展望:"遗嘱同志莫顾虑,宇宙将来到处红。"作者在就义前,满怀对革命必胜的坚定信念留下遗言,叮嘱同志们不要被反动派的嚣张气焰所吓倒，莫彷徨，不动摇，只要我们坚持斗争，不久的将来，革命一定能成功，理想一定会实现，幸福自由之花不仅会开遍全中国，而且要红遍全世界。这首诗前后照应，逻辑严密，诗人牺牲后“宇宙将来到处红”的前景，正是自己生前“革命实践作先锋”所要达到的最终目标和他甘愿献身实践的意义。诗人通过给革命同志留“遗嘱”，展现自己对实现“宇宙将来到处红”这一革命理想魂牵梦绕的崇高情怀和勇于为之献身的无畏精神。（朱喜国）

艾　青

艾青(1910—1996),浙江金华人,原名蒋海澄。1928年中学毕业后考入国立杭州西湖艺术院。1929年在林风眠校长的鼓励下到巴黎勤工俭学,在学习绘画的同时,接触欧洲现代派诗歌。1932年初回国,在上海加入中国左翼美术家联盟,从事革命文艺活动,不久被捕,在狱中写了不少诗,其中1933年第一次用艾青的笔名发表长诗《大堰河——我的保姆》,发表后引起轰动,一举成名。以后陆续出版诗集《北方》《大堰河》《火把》《向太阳》等,笔触雄浑,感情强烈,倾诉了对祖国和人民的情感。新中国成立后的诗集有《欢呼集》《春天》等。

我爱这土地

假如我是一只鸟,
我也应该用嘶哑的喉咙歌唱:
这被暴风雨所打击着的土地,
这永远汹涌着我们的悲愤的河流,
这无止息地吹刮着的激怒的风,
和那来自林间的无比温柔的黎明……
——然后我死了,
连羽毛也腐烂在土地里面。

为什么我的眼里常含泪水？
因为我对这土地爱得深沉……

——选自《艾青诗选》

【赏析】

《我爱这土地》写于1938年11月17日，发表于同年12月桂林出版的《十日文萃》。1938年10月，武汉失守，日本侵略者的铁蹄猖狂地践踏中国大地。作者当时和许多文艺界人士一同撤出武汉，会集于桂林，满怀对祖国的挚爱和对侵略者的仇恨写下了这首诗。对于这片生养自己的土地，对于这片历史悠久的土地，对于这片灾难深重的土地，对于这片正燃烧着抗战烽火的土地，诗人化作一只鸟，要用“嘶哑的喉咙”为这一伟大的时代歌唱。这片诗人所深爱着的土地正被“暴风雨所打击”，正在经历着一场历史的大搏斗、大变革，不再是死水一潭，不再是只有动乱、凄凉和苦难。人民在奋起，民族在觉醒，“永远汹涌着我们的悲愤的河流”“无止息地吹刮着的激怒的风”，把悲愤和激怒的人民为了挽救土地的那种不屈不挠、前仆后继、奋力抗争的斗争精神形象地表现了出来。“无比温柔的黎明”已经可望了，作者坚信在人民风起云涌的斗争中必将迎来曙光，迎来胜利。诗人把自己与土地的关系写得再透彻不过了：“——然后我死了，/连羽毛也腐烂在土地里面”，生前顽强地在风雨中展翅高歌和死后血肉筋骨融入大地，形成了强烈的对比，而在这强烈的对比和反差中一以贯之的乃是“鸟”对土地的执著的爱，这便是生于斯、歌于斯、葬于斯，念兹在兹，至死不渝。但是，诗人并没有就此止步，而是以最后两句，再一次撼动读者：“为什么我的眼里常含泪水？/因为我对这土地爱得深沉……”。诗人对这片土地执著的爱意尽露无疑，也让全诗笼罩在一种“忧郁”的感情之中，这种“忧郁”源自民族的苦难，是对灾难深重的祖国爱得深沉的内在感情的自然流露，因而格外动人。（吴正平）

蓝蒂裕

蓝蒂裕(1916—1949),重庆梁平人,1938年加入中国共产党,长期在重庆一带从事革命工作,由于叛徒出卖,1948年冬被捕,关押在渣滓洞监狱,受尽酷刑而不屈服,在重庆即将解放的1949年10月惨遭杀害。

示 儿

你——耕荒,
我亲爱的孩子,
从荒沙中来,
到荒沙中去。

今夜我要与你永别了。
满街狼犬,
遍地荆棘,
给你什么遗嘱呢?
我的孩子!

今后——
愿你用变秋天为春天的精神,

把祖国的荒沙，
耕种成为美丽的园林！

——选自萧三主编《革命烈士诗抄》

【赏析】

这首诗是蓝蒂裕同志遇难前夕写给儿子“耕荒”的一首遗诗，他在走向刑场时交给了同狱难友。诗一开始作者饱含真挚的父爱，深情地呼唤：“你——耕荒，我亲爱的孩子”。在诀别之际，语重心长地告诫“从荒沙中来”的儿子，一定要回“到荒沙中去”。这里的“荒沙”暗指当时黑暗残酷的现实。接着作者强忍赴死的剧痛和难舍的忧伤与儿子告别：“今夜我要与你永别了”。在这“满街狼犬，遍地荆棘”的社会里，一个为实现强国梦奋斗了一辈子的革命者，临别时能留给儿子的不是丰厚的遗产，而是沥血的“遗嘱”。于是诗的最后作者满怀殷切期望，叮嘱儿子，今后不管环境多么险恶，一定要矢志不渝地“用变秋天为春天的精神”去“耕荒”，去战斗，去创造，来完成父亲未竟的事业与遗愿——“把祖国的荒沙，耕种成为美丽的园林！”在众多革命烈士英勇就义前留下的遗诗中，这一首别开生面，紧扣儿子“耕荒”的名字进行构思，含蓄地揭示父亲为儿子命名的深邃内涵和丰富意蕴，给人留下了广阔的想象空间。同时也艺术地展示了革命先烈为“把祖国的荒沙，耕种成为美丽的园林”的坚强意志与必胜信念，以及他们不惜为实现崇高理想英勇献身的革命乐观主义精神。（熊德彪）

贺敬之

贺敬之(1924—)，山东枣庄市峄县人，现代著名诗人、剧作家。1939 年参加抗日救国运动，1940 年到延安入鲁迅艺术学院文学系学习，1941 年加入中国共产党。1945 年和丁毅执笔集体创作的我国第一部新歌剧《白毛女》，是我国新歌剧发展的里程碑，获 1951 年斯大林文学奖。曾任《剧本》月刊、《诗刊》编委，先后任中国戏剧家协会书记处书记、文化部副部长、中宣部副部长、文化部代部长、中国毛泽东诗词研究会会长、中国文化艺术研究院院长等职务。主要作品有歌剧《白毛女》(与丁毅合作)，诗集《乡村之夜》《朝阳花开》《放歌集》《贺敬之诗选》《心船歌集》，诗论集有《贺敬之谈诗》等。代表作有长篇政治抒情诗《放声歌唱》《雷锋之歌》，抒情短诗《回延安》《三门峡——梳妆台》《桂林山水歌》《西去列车的窗口》等。现有《贺敬之文集》六卷本存世。

南泥湾

花篮的花儿香，
听我来唱一唱。
唱一呀唱——
来到了南泥湾，
南泥湾好地方，

好呀地方。
好地方来好风光，
好地方来好风光——
到处是庄稼，
遍地是牛羊……

往年的南泥湾，
处处是荒山，
没呀人烟……
如今的南泥湾，
与往年不一般，
不呀一般。
如今的南泥湾呀
与往年不一般
再不是旧模样，
是陕北的好江南……

陕北的好江南，
鲜花开满山，
开呀满山——
学习那南泥湾
处处是江南，
是呀江南。
又战斗来又生产，
三五九旅是模范——
咱们走向前，
鲜花送模范……

1943年,延安

——选自贺敬之著,周良沛编《贺敬之诗选》

【赏析】

抗战相持阶段,中共中央财政经济和粮食供应极其困难。在毛泽东"自己动手,丰衣足食"的号召下,三五九旅开赴南泥湾,在大生产运动中成为屯垦开荒的模范。1943年春节,延安鲁迅艺术学院以新秧歌《挑花篮》慰问三五九旅将士,贺敬之应邀作词,一口气写出了这首通俗晓畅、洋溢着劳动喜悦的《南泥湾》。作曲家马可立即为其谱曲,使《南泥湾》成了家喻户晓的一首陕北民歌。诗歌通过南泥湾的今昔对比,热情歌颂了开荒生产建立功勋的八路军战士,歌颂他们把荒凉的南泥湾改造成了美丽的"江南"。诗歌首节用民歌体中常用的起兴手法,以花篮的花香转到对南泥湾庄稼遍地、牛羊成群的描绘,展现了南泥湾作为大生产运动中的一面旗帜所取得的巨大成就。第二节通过对比、反复的手法,写出了南泥湾的巨大变化。第三节呼应开头,歌颂军民大生产的垦荒精神,既赞美南泥湾如今已"处处是江南",又强调南泥湾巨变的原因:军民团结,"又战斗来又生产"的时代精神,最后号召大家"学习南泥湾"。这首诗配以西北地区流传的、以增强婚嫁喜庆气氛的"挑花篮"舞蹈和曲调,增强了诗歌的整体艺术感染力。全诗始终洋溢着开朗乐观的生活激情,是激励着中华儿女自力更生、艰苦创业的图强之歌。(别蓉)